新时代社会主义核心价值体系研究丛书
总主编 韩 震

使命与担当
爱国、敬业、诚信、友善

李 荣 刘 丹 编著

中国人民大学出版社
·北京·

总　序

自党的十八大报告提出关于社会主义核心价值观的"三个倡导"以来，我国在培育和弘扬社会主义核心价值观方面取得了很大成绩。这首先表现在有关理论的构建与阐发方面，譬如，通过一系列理论阐释，明确了社会主义核心价值观的基本内容、结构和层次，对价值观的内涵进行了具有时代性、民族性的科学阐发，从而构建了比较完整的社会主义核心价值体系。另外，我们提出了全人类共同价值，破解了西方所谓"普世价值"的魔咒，让中国获得了处理国际关系的道德制高点和话语力量。正因为在理论研究和阐释方面取得的可喜成果，党的二十大提出今后努力的方向是"广泛践行社会主义核心价值观"。也就是说，今后的工作主要是在方方面面践行社会主义核心价值观。价值观的意义就在于自觉信仰和日常践行。

其次，宣传教育领域在培育和弘扬社会主义核心价值观方面发挥了极为重要的作用：一是在全国范围内，"社会主义核心价值观广泛传播"，上上下下有关社会主义核心价值观的宣传和学习强度、影响广度及理解深度都是空前的，社会主义核心价值观已经深入人心；二是社会主义核心价值观融入国民教育全过程，在培养德智体美劳全面发展的社会主义建设者和接班人方面充分发挥了引领作用，社会主义核心价值观已经全面系统深入地融入大中小学的教材，进入各级各类学校课堂，进入广大学生的头脑。

最后，更为重要的是，培育和弘扬社会主义核心价值观在实践方面取得了很大成效。一是通过与群众活动相结合，把抽象的价值观念与具体的生活世界联系起来，让大道理落细、落小、落实，创新弘扬价值观的载体，让人们在日常践行中弘扬社会主义核心价值观；二是把社会主义核心价值观与道德建设结合起来，不仅让价值观落地找到最切实的载体，而且深刻体现了道德规范的时代性要求，如在《新时代公民道德建设实施纲要》中，社会主义核心价值观的引领明显提升了公民道德建设的政治站位，拓展了公民道德建设的历史视野；三是将社会主义核心价值观融入经济制度、政治规范、社会政策、文化建设和生态文明建设之中，让社会主义核心价值观机制化，使价值理想熔铸成现实的历史进程；四是逐渐将社会主义核心价值观入法入规，从而使价值观的软要求变成社会的硬约束；五是在培育和践行社会主义核心价值观方面，抓住关键少数，要求党员领导干部、社会公众人物在弘扬和践行社会主义核心价值观方面起模范带头作用，从而使社会风气得到明显改观。

这些成效的取得，主要有两方面的原因。一方面，我们所倡导的社会主义核心价值观是建立在社会主义核心价值体系的基础之上的，这为培育和弘扬社会主义核心价值观奠定了哲学基础、社会主义性质和中华价值传统的理论框架。我们倡导的社会主义核心价值观，是在马克思主义的世界观和方法论指导下开展的。根据唯物史观，我们认为价值观是以一定的社会生产关系为基础的，也必然伴随着社会发展而发展或升华。社会主义核心价值体系规定了社会主义核心价值观的社会主义性质。我们在谈自由、民主、平等等价值概念的时候，是完全超越西方资本主义社会所理解的那种抽象范畴的。另一方面，有中华优秀传统文化作为深厚的历史根基。作为注重伦理道德的民族，中华民族悠久灿烂的文化成为涵养社会主义核心价值观的宝贵资源，文化自信有力支撑了中国人民的价值观自信。

这些经验给我们今后深入研究和广泛践行社会主义核心价值观提供了坚实的新起点。正因如此，习近平总书记在党的二十大报告中明确指出："我们要坚持马克思主义在意识形态领域指导地位的根本制度，坚持为人民服务、为社会主义服务，坚持百花齐放、百家争鸣，坚持创造性转化、创新性发展，以社会主义核心价值观为引领，发展社会主义先进文化，弘扬革命文化，传承中华优秀传统文化，满足人民日益增长的精神文化需求，巩固全党全国各族人民团结奋斗的共同思想基础，不断提升国家文化软实力和中华文化影响力。"这为我们深入研究和广泛践行社会主义核心价值观提供了根本遵循。

中华民族伟大复兴进入关键时期。一方面，我国的发展已经站在新的历史起点上，社会主要矛盾发生了历史性变化，人民对美好生活有了新期待。另一方面，世界百年未有之大变局加速演进，国际力量对比正经历深刻调整，世界进入新的动荡变革期，我国发展的国际环境不断出现新矛盾和新挑战。我们既有比过去有利的发展基础和条件，也面临许多前所未有的困难和问题，战略机遇和风险挑战并存，不确定性和难预料的因素明显增多。所有这些都需要我们进一步研究、阐释、传播社会主义核心价值观，用社会主义核心价值观凝聚人心、汇聚民力。呈现给读者的这套书，力求在党的十八大以来关于社会主义核心价值观研究成果的基础上有所推进、有所深入、有所拓展，为深入研究、阐释和传播社会主义核心价值观尽我们的绵薄之力。

当然，限于学识和理论水平，可能力有不逮，甚至有不少错谬之处，敬请广大读者批评指正。

韩　震

2023 年 9 月 1 日

于北京师范大学哲学思维与发展战略研究中心

前　言

社会主义核心价值观作为社会主义核心价值体系中最核心的部分，反映了社会主义的本质要求和根本特征，是社会主义现代化进程中中国精神的集中体现，是凝聚民心和汇聚民力的强大精神力量。社会主义核心价值观内涵丰富，用简短精练的24个字涵盖了国家、社会和个人层面的价值准则，构成了一个内容丰富、层次清晰、各有侧重的有机统一整体。个人层面的价值准则是对公民基本道德修养的提炼和升华，公民个人道德修养的高低是国家和社会层面价值准则能否顺利实现的关键，因此，在实现中华民族伟大复兴中国梦的关键时期，研究社会主义核心价值观个人层面的价值准则具有十分重要的价值和意义。

"爱国、敬业、诚信、友善"作为公民的基本道德规范，是实现中华民族伟大复兴中国梦的伟大进程中每个公民所必须具备的良好的道德修养，是对中华优秀传统美德、中国共产党人革命道德和新时代道德的提炼和升华，是一种全面性、系统性的道德要求，回答了"我们要培育什么样的公民"的重大问题。具体来讲，爱国是公民政治素养的基本要求，它既是公民的一种自然情感，又是公民对国家所负有的责任和义

使命与担当：爱国、敬业、诚信、友善

务。新时代社会主义核心价值观倡导爱国，就是要求广大人民群众在中国共产党的领导下，坚持爱国和强国的辩证统一，坚持爱国主义、集体主义和个人主义的辩证统一，坚定不移地沿着中国特色社会主义道路，为实现中华民族的伟大复兴，为把我国建设成富强民主文明和谐美丽的社会主义现代化强国不断奋进。敬业是公民职业素养的基本要求，它不仅和个人的发展、个人价值的实现息息相关，而且与社会的进步、国家的繁荣昌盛都有密不可分的关系。实现中华民族的伟大复兴，已经成为全体中国人民最伟大的梦想。梦想向现实的转变是一个艰苦卓绝的过程，需要广大人民群众艰苦奋斗、勤奋敬业、奋进拼搏。中国共产党带领最广大人民群众进行改革开放所实现的创造性飞跃，就是勤奋敬业、艰苦奋斗的结果，新时代实现中华民族伟大复兴的中国梦，仍然需要脚踏实地、勤奋敬业。诚信是公民道德素养的基本要求，同样也是中华优秀传统美德的重要内容。诚信不仅是公民做人的基本原则，更是个人与个人之间、个人与社会之间、个人与国家之间在处理一切事务中都应坚持的基本道德准则。中国梦憧憬的社会主义现代化强国不只是一个在物质上富裕的国家，更是一个人人讲究诚信的国家。"友善"是公民交往素养的基本要求。社会主义核心价值观倡导友善，即要求将友善看作人与人之间交往必须遵循的一项原则，要求公民在交往过程中，要保持善意，保持友好、和谐的关系。社会是一个大群体，公民个人是这一群体中的一分子，公民和公民之间彼此友善、互帮互助、团结合作，社会才能进步，因此，友善不仅能促进人际关系的和谐，更是社会稳定的基础。

前　言

"爱国、敬业、诚信、友善"的个人层面的核心价值观在整个社会主义核心价值观中具有十分重要的地位和价值。个人层面的核心价值观处于社会主义核心价值观的第三个层面，相较于国家和社会层面的核心价值观来说处于较基础的地位，并且具有更强的现实性和可操作性。如果把社会主义核心价值观这个上层建筑比作一栋大厦，那么个人层面的核心价值观就是这栋大厦的地基，地基的坚实直接决定着整栋大厦的稳定性，只有保证地基的稳定坚实，才可以对整栋大厦进行中高层次的建设，直至最终建成整栋大厦。个人层面的"爱国、敬业、诚信、友善"的价值要求是将国家和社会层面的价值追求落实到现实的具体的个人，同时也是将国家和社会的政治追求和道德规范具体细化、落小落实的具体表现，只有将个人层面的价值目标落实，国家层面的价值目标和社会层面的价值取向才不会成为空中楼阁；只有每个公民都做到"爱国、敬业、诚信、友善"，我们才能真正实现国家富强和民族复兴的伟大中国梦。也就是说，如果社会主义核心价值观个人层面的要求可以被广大人民群众接受，内化于心、外化于行，成为全社会共同的道德信仰，那么就有助于社会的稳定运行以及国家的繁荣昌盛。如果每个公民的道德素质都得以提升，那么就可以形成巨大的推动力，推动国家和社会层面核心价值观的实现。马克思强调，自由人的联合体不同于资产阶级虚假的共同体，在自由人的联合体中，每个人自由而全面的发展是其他一切人自由而全面发展的前提，每个人的价值行为都会影响国家和社会价值目标的实现，因此，国家和社会价值目标的实现要以个人的价值行为为前提和基础。

使命与担当：爱国、敬业、诚信、友善

"爱国、敬业、诚信、友善"作为一个完整的逻辑体系，是对个人层面社会主义核心价值观基本理念的高度凝练和集中表达。爱国作为公民道德规范的轴心和个人层面社会主义核心价值观的基石，是敬业、诚信、友善价值观的基础和风向标，对敬业、诚信、友善价值观有着重要的引领作用；敬业作为公民道德的职业规范，是爱国、诚信、友善价值观的载体和前提；诚信作为公民道德的基本价值取向，是践行爱国、敬业、友善价值观的道德前提；友善作为公民道德的人际交往规范，是爱国、敬业、诚信价值观的外在表现。"爱国、敬业、诚信、友善"作为公民个人的基本道德规范和道德要求，相互联系、相辅相成，共同构成了社会主义核心价值观个人层面的价值准则，形成了一股强大的向心力，影响着公民个人的基本道德行为以及国家和社会的基本道德规范。

习近平曾指出，"中华民族伟大复兴的中国梦终将在一代代青年的接力奋斗中变为现实"[①]。我们倡导和培育个人层面的社会主义核心价值观，就是要培育符合国家和社会发展要求的公民，为实现国家层面和社会层面的价值理想提供实践基础。国家和社会由公民组成，一个社会的核心价值观最终要通过公民个体的情感认同和身体践行才能体现出来。因此，积极倡导、培育、践行社会主义核心价值观个人层面的价值准则，可以将不同身份、不同背景的公民个体熔铸成一个稳固的价值共同体，将公民个人的价值导向转化为自觉行动，从而形成崇德向善的社会风尚，推动国家治理体系和治理能力的现代化以及社会主义和谐社会的建设，助力实现中华民族伟大复兴的中国梦。

---

① 习近平. 决胜全面建成小康社会 夺取新时代中国特色社会主义伟大胜利：在中国共产党第十九次全国代表大会上的报告. 北京：人民出版社，2017：70.

目 录

第一章　个人层面社会主义核心价值观的内涵 ·················· **1**

　　第一节　"家国天下"说爱国 ······························· 3

　　第二节　"敬事而信"论敬业 ······························· 15

　　第三节　"天道为诚"话诚信 ······························· 29

　　第四节　"仁者爱人"践友善 ······························· 49

第二章　个人层面社会主义核心价值观的价值定位 ·············· **61**

　　第一节　爱国——个人存身立命之本 ······················· 63

　　第二节　敬业——个人立身建业之本 ······················· 76

　　第三节　诚信——个人立德处世之本 ······················· 89

　　第四节　友善——个人克己达人之本 ······················· 100

第三章　个人层面社会主义核心价值观的时代意蕴 ·············· **113**

　　第一节　新时代爱国主义的价值意蕴 ······················· 115

　　第二节　敬业是个人价值与社会价值统一的现实路径 ········ 127

第三节　诚信是新时代国家治理的价值准则 …………… 140

　　第四节　友善是和谐社会的润滑剂 …………………… 153

第四章　个人层面社会主义核心价值观的践行路径 ………… **165**

　　第一节　"生活化"的爱国实践路径 …………………… 167

　　第二节　"三位一体"提升公民的敬业精神 …………… 182

　　第三节　"双管齐下"促进个人诚信品质的养成 ……… 197

　　第四节　"推己及人"实现个人、社会与自然之间的

　　　　　　和谐发展 ……………………………………… 209

参考文献 ……………………………………………………… 222

后记 …………………………………………………………… 229

第一章

个人层面社会主义核心价值观的内涵

第一章　个人层面社会主义核心价值观的内涵

"爱国、敬业、诚信、友善"作为社会主义核心价值观在个人层面的价值规范和道德要求，是对中华优秀传统文化和中国共产党人革命道德的继承和发扬。它既深刻反映了新时代社会主义中国的价值理念，也积淀了中华民族最深沉的精神基因和价值追求。因此，厘清个人层面社会主义核心价值观的历史渊源和当代发展，具有非常重要的理论价值和现实意义。

第一节

"家国天下"说爱国

当前，实现中华民族伟大复兴的中国梦已经成为中国走向未来的鲜明指引，成为激励中华儿女团结奋进、开辟未来的一面旗帜，成为回荡在 14 亿多中国人心中的高昂旋律。伟大的事业需要伟大的精神，伟大的精神推动伟大的事业。没有人民精神世界的极大丰富，没有全民族精神力量的凝聚发挥，没有全社会共同的理想目标和精神追求，国家的富强、民族的振兴和人民的幸福就不可能实现。实现民族复兴的梦想，需要强大的精神动力。2019 年，习近平总书记在纪念五四运动 100 周年大会上指出，"爱国主义是我们民族精神的核心，是中华民族团结奋斗、自强不息的精神纽带。"[①] 千百年来，中华民族之所以能够历经磨难而

---

① 习近平. 在纪念五四运动 100 周年大会上的讲话. 北京：人民出版社，2019：3.

不衰，饱尝艰辛而不屈，就是因为爱国传统已深深融入我们的民族意识中，成为中华民族生生不息、薪火相传的精神血脉。改革创新也同样体现了爱国主义精神。历久弥新的爱国主义和富于时代特色的改革创新如同两只隐形的翅膀，将助推中华民族实现伟大复兴。

一、爱国的内涵

"爱国"一词在我国古代历史文献中早有记载，西汉刘向在其编订的《战国策》中就提到"周君岂能无爱国哉？恐一旦之亡国，而忧大王"。东汉班固在《汉书》中明确谈及"爱国如饥渴"。明代冯梦龙在《新列国志》中也说到"此人虽则商贾之流，倒也有些忠君爱国之心、排患解纷之略"。而西方古希腊巨著《荷马史诗》中也有"为国捐躯，虽死犹荣"的说法。肯尼迪的一句"不要问国家能为你做些什么，要问你能为国家做些什么"已经成为美国人崇尚的名言。可见"爱国"作为一个崇高而神圣的字眼，自古以来就是世界各国人民普遍接受的道德规范和永恒不变的价值追求。

爱国从一般意义上讲，是对祖国的一种依恋、忠诚和热爱之情，以及与此相应的实际行为。那么什么是祖国呢？为了回答这个问题，我们有必要先弄清楚中国文化中的"国"、"家"、"国家"和"祖国"几个概念的含义。在中国古代文献中，"国"（繁体为"國"）是由甲骨文"或"字演变而来的。在古代，"或"即称"国"，到了西周，"或"字外面加"囗"而成"國"。许慎在《说文解字》中指出，國从囗从或，而"囗"作为象形字为围绕周边之意，是指有边界的生活区域，所以"国"的原始意思是指特定的公共生活区域。在中国古代，诸侯称"国"，是天子封给诸侯的有一定界限的疆域；大夫称"家"，是诸侯再分封给卿大夫的疆土。《孟子·离娄上》这样描述"国"与"家"的关系："人有恒言，皆曰天下国家。天下之本在国，国之本在家。"一般来说，"国家"包含土地、人民、主权三个根本要素。这也是古代中国人对"国家"内涵的理解。在繁体字"國"中，小"口"代表居民，"一"代表土地，"戈"代表武力，大"口"代表疆域。"祖"的含义为"始庙"（《说文解字》）。因此，在中国文化中，"祖国"的最初含义是"祖先的国家"，也就是列祖列宗一直生存繁衍的地方。自秦始皇始，中国历史以一国而统天下，儒家文化开始强调"家国同构"，国家是被置于"家国天下"的政治理想中加以阐释的。也就是说，在中华民族的文化视野中，家庭、国家和天下是密不可分的统一整体，家庭虽小，但家却是国家和天下的基本构成元素，"天下之本在国，国之本在家，家之本在身"。同样，天下和平则国家安宁，国家安宁则家庭平顺。修身、齐家、治国、平天下从而成就了中华民族独特的"家国天下"观念。家是最小国，国是千万家，家庭是国家的一个缩影，国家则是家庭的自然延续，爱家就是爱国，爱国就是爱家。这样一种家国同构的认知模式和情感认同，激励着千千万万中国人把家庭的前途和命运与国家和民族的前途和命运紧紧联结在一起，为了国家和民族的利益不怕牺牲，一往无前。爱国也由此成了每个中国人必然的价值选择。

中国古籍中出现的"国家"并非近现代民族国家的概念。在西方文化传统中，政治学意义上的国家（state）一词，最早来自意大利政治哲

使命与担当：爱国、敬业、诚信、友善

学家马基雅维利所用的"statos"一词，该词源于拉丁文"status"（原意是指统治者的职务或者地位）。它与中国古代汉语中"国"的含义基本类似。在英语中，fatherland 或 motherland（祖国）的意思是"父母之邦"，是指祖祖辈辈生活的地方。进一步引申，"祖国"还应该包含"民族"，即有着共同地域、语言、经济生活、文化传统和心理素质的稳定群体。在汉语中，"祖国"一词首先具有"祖先之国"的含义，在中国传统文化中，很早就出现了对原始祖先的崇拜，称为"敬祖"，因此，"祖国"十分鲜明地表达了中国人民对祖国的敬爱之情和随时为之献身的姿态。在英语中，"祖国"也称作 homeland（故乡）。"爱国者"（patriot）就是"同胞"（compatriot）。故土是每个人生于斯长于斯的地方，也是每个人终生魂牵梦绕的地方，它是每个人生命的起点，有时甚至是生命的终点。恋土思乡的质朴情感是世界各民族爱国主义共同的情感基础。而对于中华民族而言，这种恋土思乡的情感更为深厚和强烈，成为我们颇具特色的生命情结。在中国古代历史上，汉代有"日暮途且远，游子悲故乡"的缠绵，唐代有"举头望明月，低头思故乡"的萦怀，清代有"鸟近黄昏皆绕树，人当岁暮定思乡"的悱恻。这些诗句所表达的是对亲人的思念之情和对故土的依恋之情。

总体来说，"祖国"包含自然、社会和国家三个层面的因素。自然因素指的是"国土"，就是特定界限（国界）内的土地、海洋、山川、湖泊等自然风貌和森林、矿藏、物产等自然资源；社会因素包括人们所说的"同胞"或"民族"，即有着共同血脉和社会联系的人群，还包括"文化"，即人们共同享有的语言、习俗、礼仪和心理等；"国家"指的是为维护社会秩序、主权和安全而建立起来的政治机构。总之,"祖国"是一个集自然、政治、经济、民族、文化于一体的综合概念。具体说来,爱国就是一个人对祖国的民族同胞、山川风物、历史文化和政治制度的热爱,正是因为这种炽热的情感,它集中表现为强烈的民族自尊心、自信心和自豪感。

二、爱国主义与民族主义

在人类历史进程中,爱国主义先于民族主义而存在。事实上,民族主义观念是近代以来在西方世界伴随着欧洲资产阶级的形成和发展而出现的一种思想和运动,它曾经为推翻封建专制势力,促进资本主义及其经济的发展发挥了巨大的作用。虽然爱国主义和民族主义有着不同的内涵,但在现实生活中,二者却是密不可分的,人们甚至经常把爱国主义和民族主义混为一谈。因此,要理解爱国及爱国主义的内涵,有必要厘清爱国主义和民族主义的关系。

民族主义的内涵依"民族"一词的含义而定,虽然民族主义是近代以来的崭新概念,但"民族"一词,却由来已久。从词源上看,英语中的"nation"一词源于拉丁文"natio",其基本意思是"出生","nation"一词在此基础上就被理解为具有共同的起源、语言和历史等,通常居住在限定界限的领土之上的数量众多的人形成的社会群体。这实际上与汉语中的"群落"一词意思较为接近。但"nation"一词一般被理解为民族、国家等。在日常使用中,"民族"一词一般具有广义和狭义之分。斯大林在《马克思主义与民族问题》一文中将民族定义为"共同语言、

使命与担当：爱国、敬业、诚信、友善

共同地域、共同经济生活以及表现于共同文化上的共同心理素质的稳定的共同体"[1]。在这里，斯大林所界定的民族概念实际上是狭义的民族概念，指的是在历史上形成的具有共同语言、共同地域、共同经济生活、共同文化和共同心理的稳定的共同体，如汉族、朝鲜族、俄罗斯族等；而广义的民族则是强调公民权利的"国民民族"，指的是同在一个国家政权之下享有共同价值理念的至少两个狭义民族形成的政治共同体，例如中华民族。当今世界绝大多数国家是多民族国家，单一民族国家寥寥无几。即便像日本这样一个所谓的单一民族国家，也仍然存在数量极少的少数民族。因此，广义的民族通常是多族群统一体。中华民族就是一个由汉族和其他少数民族共同组成的多元统一体。

在这种情况下，民族主义也有狭义和广义之分。狭义的民族主义是对与自己有着共同语言、共同地域、共同经济生活、共同文化和共同心理的狭义民族群体所具有的自我意识、民族认同和民族自豪感。这一意义上的民族主义与爱国主义在内涵和外延上有着很大的区别。英国历史学家阿克顿指出："真正的爱国主义，即自私向奉献的发展，其显著标志在于它是政治生活的产物。种族所引起的义务感并不完全脱离它的自私和本能的基础；而对祖国的爱，如同婚姻之爱，既有特质基础也有道德基础。"[2] 在阿克顿看来，真正的爱国主义超越了民族主义建立在自私色彩基础之上的狭隘限制，上升为以道德为根基的对祖国的深挚之爱。而广义的民族主义与狭义的民族主义则完全不同，它与爱国主义在

---

[1] 斯大林. 马克思主义和民族问题. 3版. 北京：人民出版社，1954：9.
[2] 阿克顿. 自由和权力. 北京：商务印书馆，2001：129-130.

内涵与外延上基本一致。在统一的多民族国家中，如果各民族对国家有着强烈的认同感、归属感和自豪感，民族主义和爱国主义的内涵和外延就基本是重合的，这种民族主义会在国家的发展过程中形成一种强烈的民族精神和文化资源，并发展成以民族自豪感为根基的爱国主义精神。"民族主义的最高表现就是爱国主义"[1]。美国著名政治学家亨廷顿在此意义上把爱国主义和民族主义混同使用："民族主义和爱国之心活生生地存在于世界大多数地方。不论精英人士是多么不喜欢，大多数国家中的大多数人都是爱国的，强烈认同于自己的国家。"[2] 因此，建立在广义民族主义基础之上的爱国主义不仅意味着要维护各民族的团结和国家的统一，还包含着反对民族压迫、反对外来殖民统治，维护国家主权统一的要求。

在理解爱国主义与民族主义的关系时，我们还要避免将爱国主义与狭隘的民族主义等同起来，从而把爱国主义理解为盲目排外。从世界近代史的发展进程来看，民族主义在反对外来国家和民族势力压迫和争取人民和国家独立解放的历史运动中曾经发挥过非常重要的作用，并且激发起强烈的民族认同感和自豪感，有利于维护国家领土完整和主权统一，实现国家富强。在此意义上，民族主义的出现是历史发展的必然。但是，如果这种基于国家立场的民族主义走向极端，走向保守主义，甚至以维护民族传统为名拒斥外来文化和技术，拒斥全球化和现代化，这就会从根本上损害国家的整体利益和长远利益，从而走向爱国主义的反面。

---

[1] 韩坤新，王文东. 民族问题与民族主义、爱国主义、国际主义. 西北民族大学学报（哲学社会科学版），2005（5）.

[2] 亨廷顿. 我们是谁. 北京：新华出版社，2005：227.

总之，狭隘的民族主义有两种非理性表现：一是民族沙文主义，当爱国主义被国家统治阶级扩大民族偏见并将宣扬民族仇恨作为对外侵略的手段时，爱国主义就变身为民族沙文主义。民族沙文主义体现为强烈的本民族优越感和排斥其他民族的倾向，最极端的表现就是法西斯主义。二是民族保守主义，即用文化的民族性排斥外来文化的先进性，其结果是民族文化精神日益萎缩和狭隘。此外，还有一种是民族国家内部的地方民族主义。从学理上说，地方民族主义是爱国主义的起点或基础，爱国主义则是地方民族主义的升华和拓展。例如在我们国家，大多数人对本民族的情感与对中华民族的整体认同是内在统一的。但是，地方民族主义在特殊时期也很容易成为一种离心的力量，导致民族矛盾，不利于国家统一和民族团结。这种地方民族主义的两种极端表现是主体民族的大民族主义和非主体民族的民族分裂主义，二者都与以整个国家利益为前提的爱国主义相冲突。

三、爱国主义、国际主义和人类命运共同体

爱国主义是千百年来形成的对祖国的一种深厚、炽烈的热爱之情。在一个统一的民族国家中，爱国主义一般都有着坚实的社会基础。但随着经济全球化时代的到来，国与国之间联系的日益紧密以及各种超越国家形态的国际组织的大量涌现，使爱国主义的社会基础已然受到严重冲击。一方面，随着国与国之间在政治、经济、文化、贸易和技术上的相互交流日益频繁，国家与国家之间的交往日益密切，国际融合度越来越高，各主权国家之间形成了一种在经济、政治甚至军事上相互依存的关

系，并由此建立起各种超越国家主权的国际组织。例如联合国，是第二次世界大战后由主权国家于1945年10月联合建立的国际组织，致力于促进各国在国际法、国际安全、经济交流、国际和平等方面的相互合作。另外，比较有代表性的还有1993年建立的欧洲联盟、1963年建立的非洲统一组织（2002年改组为非洲联盟）等。这些超越传统国家主权的国际组织的出现，必然引发人们对全球化时代爱国主义的思考。另一方面，随着全球化时代各国联系的日益紧密，各种形态迥异的国家观、价值观和生活观与传统的基于民族主权国家的社会价值观念发生碰撞和交流，也必然影响人们对爱国主义的理解。这要求我们运用马克思主义的立场、观点和方法重新思考和界定爱国主义与国际主义之间的复杂关系。

马克思主义经典作家认为，国际主义和爱国主义二者之间是相辅相成的关系，国际主义只有尊重和保持各个国家的独立自主，才能真正完成世界革命和解放全人类的历史使命。各国人民必须根据自身国情制定正确的斗争策略，才能在实现本国革命斗争胜利的同时推进世界革命。恩格斯指出："国际联合只能存在于国家之间，因而这些国家的存在、它们在内部事务上的自主和独立也就包括在国际主义这一概念本身之中。"[1] 因此，在马克思主义经典作家那里，爱国主义与国际主义并不矛盾。爱国主义是国际主义的重要依托，国际主义是爱国主义的理性升华，也是爱国主义健康发展的必要条件。在此意义上马克思才强调，"必须维护真正的国际主义精神"[2]。

---

[1] 马克思，恩格斯. 马克思恩格斯全集：第39卷. 北京：人民出版社，1974：84.
[2] 马克思，恩格斯. 马克思恩格斯选集：第2卷.2版. 北京：人民出版社，1995：637.

使命与担当：爱国、敬业、诚信、友善 ● ● ●

在新的历史时期，随着全球化时代的到来，中国如果想进一步融入全球经济体系，提高自身在国际事务中的话语权，必须以马克思主义为指导，重构爱国主义与国际主义的关系。我们既不能把爱国主义神圣化，也不能把国际主义边缘化。正如习近平总书记所指出的那样："弘扬爱国主义精神，必须坚持立足民族又面向世界。中国的命运与世界的命运紧密相关。我们要把弘扬爱国主义精神与扩大对外开放结合进来，尊重各国的历史特点、文化传统，尊重各国人民选择的发展道路，善于从不同文明中寻求智慧、汲取营养，增强中华文明生机活力。"[①] 中国近代史昭示我们，要跟上时代进步和世界发展的潮流，就必须实行对外开放，注重学习和借鉴其他国家和民族的文明成果。作为人类的普遍价值，爱国主义既包括对祖国与民族的忠诚和奉献，也包括对世界上其他国家与民族的尊重和帮助。中国的发展进步离不开世界各国的文明成果，我们既需要大力提倡爱国情怀，倡导心系故土、忠于祖国以及振兴民族、自强不息的精神，同时也要有开放的态度和开放的眼光，处理好爱国主义与国际主义的关系。正如《新时代爱国主义教育实施纲要》所强调的那样，爱国主义必须"坚持立足中国又面向世界。一个国家、一个民族，只有开放兼容，才能富强兴盛。要把弘扬爱国主义精神与扩大对外开放结合起来，尊重各国历史特点、文化传统，尊重各国人民选择的发展道路，善于从不同文明中寻求智慧、汲取营养，促进人类和平与发展的崇高事业，共同推动人类文明发展进步"[②]。只有这样，中华民

---

① 习近平. 大力弘扬伟大爱国主义精神 为实现中国梦提供精神支柱. 人民日报，2015 - 12 - 31.

② 新时代爱国主义教育实施纲要. 北京：人民出版社，2019：4.

族才能真正迎来伟大复兴的光明前景。

爱国既是一个永恒的主题，又是一个历史范畴。祖国的需要和历史的使命决定着爱国的内容和方式。因此，在不同的民族国家和不同的历史时期，爱国具有不同的具体内涵、表现形式和时代特征。中华民族的爱国主义发展史就是这种历史性和时代性的鲜明体现。正如毛泽东曾经指出的："爱国主义的具体内容，看在什么样的历史条件之下来决定。"[①] 在我国古代，争取中华民族的团结和融合，推进国家的统一和强大，是爱国主义的主题。在近代，爱国主义主要表现为反帝反封建的爱国斗争和救亡图存的爱国实践。近代以后，爱国主义表现为争取民族独立和人民解放，坚持走中国特色社会主义道路。

今天，经过改革开放40多年的巨大发展，在中华儿女为实现民族复兴而努力奋斗的新形势下，中国已经日益融入世界并走近世界舞台的中央。在这一时代大背景下，爱国主义又被赋予了崭新的内容和特色，人类命运共同体理念正是新时代爱国主义的新增量。党的十八大以来，以习近平同志为核心的党中央站在历史和时代的高度，为了应对国际复杂挑战，着眼于世界前途和人类未来，提出推动构建人类命运共同体。正如习近平总书记所指出的那样："我们的事业是同世界各国合作共赢的事业。国际社会日益成为一个你中有我、我中有你的命运共同体。"[②] 为了应对人类面临的各种危机和挑战，各国之间既应彼此尊重、和而不同，又要携手合作、同舟共济。"人类命运共同体"将爱国主义和国际

---

① 毛泽东. 毛泽东选集：第2卷. 2版. 北京：人民出版社，1991：520.
② 中共中央文献研究室. 习近平关于全面深化改革论述摘编. 北京：中央文献出版社，2014：128.

使命与担当：爱国、敬业、诚信、友善

主义充分结合起来，与一切狭隘的民族主义、民粹主义划清了界限，彰显了中华爱国主义的世界之维。

习近平主席在外交场合多次提出推动构建人类命运共同体。2013年，习近平主席在莫斯科国际关系学院发表演讲时指出："这个世界，各国相互联系、相互依存的程度空前加深，人类生活在同一个地球村里，生活在历史和现实交汇的同一个时空里，越来越成为你中有我、我中有你的命运共同体。"① 在出席2015年第70届联合国大会一般性辩论时，习近平主席指出："当今世界，各国相互依存、休戚与共。我们要继承和弘扬联合国宪章的宗旨和原则，构建以合作共赢为核心的新型国际关系，打造人类命运共同体。"② 党的十九大报告再次呼吁各国人民同心协力"构建人类命运共同体"，并把人类命运共同体的宗旨总结为"建设持久和平、普遍安全、共同繁荣、开放包容、清洁美丽的世界"③。习近平强调："各国逐渐形成利益共同体、责任共同体、命运共同体。无论前途是晴是雨，携手合作、互利共赢是唯一正确选择。这既是经济规律使然，也符合人类社会发展的历史逻辑。面对重重挑战，我们既要增强紧迫感，也要保持理性，登高望远，以负责任态度把握世界经济大方向。"④ "人类命运共同体"是中国对走和平发展道路，奉行合作共赢的开放战略，恪守维护世界和平、促进共同发展外交宗旨的承诺，包括

---

① 习近平. 顺应时代前进潮流 促进世界和平发展. 人民日报，2013-03-24.
② 习近平. 携手构建合作共赢新伙伴 同心打造人类命运共同体. 人民日报，2015-09-29.
③ 习近平. 决胜全面建成小康社会 夺取新时代中国特色社会主义伟大胜利. 北京：人民出版社，2017：58-59.
④ 习近平. 登高望远，牢牢把握世界经济正确方向. 人民日报，2018-12-01.

共同、综合、合作、可持续的安全观，公平、开放、包容、共赢的发展观，和而不同、兼收并蓄的文明交流，以及尊重自然、环境友好的生态文明。双边命运共同体、周边命运共同体以及新型国际关系都是人类命运共同体的组成部分。例如，中国强调要在国际和区域层面建设全球伙伴关系，倡导建立一个更加紧密的"中国-东盟命运共同体"，也提出要"切实抓好周边外交工作，打造周边命运共同体"，以及构建以合作共赢为核心的新型国际关系。

人类命运共同体理念拓宽了全球化时代爱国主义的理论视野，充实了当代中国爱国主义的理论主题，有助于我们正确理解和认识爱国主义和国际主义之间的关系，有力地避免了把爱国主义和国际主义对立起来的错误倾向，使爱国主义具有了国际视野和国际胸怀。

第二节

"敬事而信"论敬业

在社会主义核心价值观中，敬业处于个人层面的价值维度，即在对塑造什么样的公民的价值要求之中。为什么在社会主义核心价值观的公民维度，我们要特别强调敬业呢？众所周知，在人类社会生活中，除了公共生活、家庭生活外，职业生活构成了我们实践活动的主要形式。职

使命与担当：爱国、敬业、诚信、友善 ● ● ●

业活动是人类生存、发展的现实基础和根本前提，社会的延续和进步必须依靠人类职业活动所提供的物质生活条件和文化生活条件。人们要从事各种职业就必须遵守一定的职业道德。在个体职业活动中，敬业精神作为职业道德的理性浓缩，最能表现出职业道德服务社会、造福社会、发展社会的功能。因此，敬业就是公民的重要价值准则，也是最基本的职业道德要求。一个人无论从事哪个行业、担任什么职务，都应该在工作中做到爱岗敬业、恪尽职守、尽职尽责，都应该用辛勤的劳动和扎实的工作践行"敬业"这一朴素而又崇高的美德。在培育和践行社会主义核心价值观的今天，我们尤其需要在厘清敬业价值观的主要内涵、重要意义等基本问题的基础上，在全社会大力倡导敬业精神，引导每一个公民在平凡的工作岗位上创造出不平凡的事迹，真正做到用敬畏、敬重的态度对待自己的工作，认真负责、一心一意、精益求精，为实现中华民族伟大复兴的中国梦而不懈奋斗。

一、敬业的内涵

敬，原是中国传统儒家哲学的一个基本范畴，孔子就主张人在一生中始终要勤奋、刻苦，为事业恪尽职守、尽心尽力，应"执事敬""事思敬""修己以敬"。业，一般指的是职业。《现代汉语词典》对"敬业"的解释是：专心致力于学业或工作。

敬业作为一种朴素而崇高的美德，无论在西方还是东方，都有着悠久的历史传统。在英文中与敬业对应的词是"dedication"，即奉献或献身的意思。敬业在西方人的语境中意味着一种奉献，即把自己的生命奉

第一章　个人层面社会主义核心价值观的内涵

献给一种伟大的事业。德国著名社会学家马克斯·韦伯在其最具影响力的经典著作《新教伦理与资本主义精神》中，阐释了以"天职观"为核心的新教伦理是资本主义得以在西方发生、发展的内在动因。新教伦理视劳动为上帝赋予的神圣使命和光荣职责，它要求人们在工作中勤勉努力、恪尽职守，即"上帝允许的唯一生存方式，不是要人们以苦修的禁欲主义超越世俗道德，而是要人们完成个人在现世里所处地位赋予他的责任和义务，这是他的天职"[①]。天职观不但孕育了近代资本主义所要求的理性经济人，而且也为社会提供了忠于职业信仰、认认真真、兢兢业业、任劳任怨的产业大军。

"敬业"也是中华传统美德的重要元素。《礼记》讲人的成长时就有"一年视离经辨志，三年视敬业乐群"之说，认为一个好学生的标准在于看他入学三年后能否做到专心于自己的学业，能否与同窗和朋友和谐相处，即所谓"敬业乐群"。由此可见，"敬业"一词在中国传统文化中最早是指学生对自己学业的专心致志。当然从某种意义上说，"学业"本身就是学生的职业，学生专心于自己的学业就是"敬业"。在《论语》中，孔子要求当政者"敬事而信"，即必须恭敬谨慎地对待国家的政事，而从政者则必须"敬其事而后其食"，"其行己也恭，其事上也敬"，即从政者要把国家的事业放在第一位而把领取俸禄的事放在第二位。总之，在儒家的视野中，人们在其一生中始终要勤奋、刻苦，为事业尽心尽力。宋朝朱熹认为"敬业"就是"专心致志以事其业"，即用一种恭

---

① 韦伯. 新教伦理与资本主义精神. 北京：生活·读书·新知三联书店，1987：59.

使命与担当：爱国、敬业、诚信、友善

敬严肃的态度对待自己的工作，认真负责、一心一意、任劳任怨、精益求精。近代学者梁启超在他撰写的题为《敬业与乐业》的文章里，提出这样一个值得思索的问题：业有什么好敬的呢？为什么可敬呢？梁启超的回答可以归纳为以下两点：第一，人不仅是为生活而劳动，也是为劳动而生活。劳动，做事，就是生命的一部分。第二，无论何种事业，都是神圣的。由此可见，敬业即敬重本职工作，同时，人们可以通过专心和尽心于职业这种生活体验来实现自己的人生价值。

敬业作为中华民族的传统美德，无论在哪个社会哪个时代都为主流社会所重视和倡导，并成为衡量个人道德水平的重要标准。时至今日，敬业主要体现为公民个人以明确的目标选择、朴素的价值观、忘我投入的志趣、认真负责的态度，热爱和敬重自己的职业和事业，展现了公民的一种基本职业操守。换句话说，无论岗位与自身能力的匹配程度高或低，还是岗位对自身的未来职业发展有无帮助，作为个人都应该保持敬业的基本素质、基本态度、基本习惯、基本精神和基本信仰。敬业要求我们每一个公民在其位谋其职、心无旁骛、恪尽职守。事实证明，不管什么样的职业和岗位，只要我们用敬畏、敬重的态度去对待我们的工作，勤勤恳恳、爱岗敬业、追求卓越，我们就一定会创造出属于自己的成就和未来。

在马克思主义经典作家看来，敬业之所以会成为人类普遍的道德追求，就是因为敬业必然和劳动相关，敬业最基本的含义就是热爱本职工作、热爱劳动，而劳动是人的天性。马克思指出："一个人'在通常的健康、体力、精神、技能、技巧的状况下'，也有从事一份正常的劳动和停止安逸的需要。"① 劳动不仅满足了人类的生存需要,还再生产出人本身,是对人的天性的发展。因此,热爱劳动、热爱本职工作就是道德的。恩格斯正是在此意义上提出了"劳动创造了人本身"的著名观点。但在以私有制为基础的社会中,由于社会分工还带有强迫性和不平等性的外部特征,劳动者和劳动产品相分离,逃避劳动、厌恶劳动的现象时有发生,所谓的敬业在私有制社会中也就成了一种道德说教。到了未来的共产主义社会,劳动已经从强迫劳动变为自主劳动,即成为自由自觉的劳动,人们的劳动不仅是为了生存,更是为了自身自由而全面的发展。马克思主义经典作家的这一理论为新时代社会主义敬业观中的崇尚劳动、勤业、乐业等思想奠定了基础。以毛泽东、邓小平等同志为主要代表的中国共产党人将敬业奉献、艰苦奋斗与为人民服务相结合,强调不仅要爱劳动,还要尊重人民群众的首创精神,始终将人民利益放在第一位。党的十八大以来,以习近平同志为核心的党中央提出要积极培育和践行社会主义核心价值观,崇尚劳动、敬业正式成为全国人民集体倡导的个人层面的道德价值规范。习近平总书记指出:"必须坚持崇尚劳动、造福劳动者。劳动是财富的源泉,也是幸福的源泉。人世间的美好梦想,只有通过诚实劳动才能实现;发展中的各种难题,只有通过诚实劳动才能破解;生命里的一切辉煌,只有通过诚实劳动才能铸就。劳动创造了中华民族,造就了中华民族的辉煌历史,也必将创造出中华民族的光明未来。'一勤天下无难事。'必须牢固树立劳动最光荣、劳动最

---

① 马克思,恩格斯. 马克思恩格斯文集:第8卷. 北京:人民出版社,2009:173-174.

崇高、劳动最伟大、劳动最美丽的观念，让全体人民进一步焕发劳动热情、释放创造潜能，通过劳动创造更加美好的生活。"①

二、敬业是一种恪尽职守的工作态度和人生态度

敬业不仅是一种道德要求，更是一种人生态度。它要求我们把职业当作事业来对待，树立起主人翁的责任感和事业心，追求崇高的职业理想，培养认真踏实、恪尽职守的工作态度，力求干一行、爱一行、专一行，努力成为本行业的业界精英和行家里手。

敬业必先爱业，敬业者对职业必有"敬而爱之"之情。"爱而不敬，非真爱也；敬而不爱，非真敬也。"事实证明，真正的敬业者必然有爱业情怀。对职业的热爱是敬业的深层动力，会燃起人们巨大的工作热情，激发人们奋进的强大动力。习近平总书记2016年在知识分子、劳动模范、青年代表座谈会上指出："志之所趋，无远弗届；穷山距海，不能限也"。热爱本职的人会把工作当成一种快乐，会保持一股积极进取的干劲，想方设法把工作做到最好。可见，只有把自己的兴趣爱好与职业结合起来，才会长期保持对职业活动的兴趣与热爱，从而保持一种长久的积极主动的敬业精神。当然，在现实生活中，由于各方面的原因，很多人并不能找到与自己兴趣相投或达到自己预期的心仪工作。有些人会因看不起自己的工作而抱怨，会认为自己所从事的工作低人一等，没有一点价值，只是迫于生活的压力而不得不工作，被动、消极成为他们工作态度的基本写照。对于这样的人，结局已经非常明确，即他

---

① 习近平. 习近平谈治国理政. 北京：外文出版社，2014：46.

们在任何岗位都不会有所作为。一个连普通工作都做不好的人，又有什么资格谈谋求自我发展、实现自己的人生梦想？无数事实证明，平凡的岗位一样可以造就成功的人生。很多成功的人，并不在于他们的条件有多么优越，而在于他们懂得，只要以尽职尽责的态度做好每一件事，就能为自己创造成功的机会。既然平凡的岗位一样可以演绎不同寻常的人生，那么，我们在任何时候都需要以敬业态度去面对本职工作，在实践中逐步培养自己的兴趣。我们不仅要爱一行、干一行，更要干一行、爱一行。

敬业还是一种忠于职守的工作态度。《礼记·杂记》提出君子有五耻之说，"君子有五耻：居其位，无其言，君子耻之；有其言，无其行，君子耻之；既得之，而又失之，君子耻之；地有余，而民不足，君子耻之；众寡均而倍焉，君子耻之"，强调人生在世做事应该尽职尽责。职业职责是人们在一定职业活动中所承担的特定责任，它包含了人们应该做的工作以及所应该承担的义务等。敬业的人会对自己从事的职业有着强烈的责任感，并明确认识到自己承担的特定职责，忠实履行职责，勤勤恳恳工作，任劳任怨付出。这实际上是一种外在的强制和被动向内在的自觉和主动的转换。正如美国黑人领袖马丁·路德·金所说，"如果一个人是清洁工，那么他就应该像米开朗琪罗绘画，像贝多芬谱曲，像莎士比亚写诗那样，以同样的心情打扫街道。他的工作如此出色，以至于天空和大地的居民都会对他注目赞美：'瞧，这儿有一位伟大的清洁工，他的活儿干得真是无与伦比！'"工作岗位没有高低之分，没有贵贱之别。每一项工作都值得我们去做，值得我们用心去做。敬业原则把忠

使命与担当：爱国、敬业、诚信、友善

于职守作为主要内容，要求人们忠实地履行自己的职业职责，有强烈的职业责任感，对工作极端认真负责，坚决谴责任何不负责任、偷懒耍滑、马虎草率、玩忽职守、敷衍塞责的态度和行为。在知识经济和信息时代，知识更新越来越快，产品更新换代也越来越快，职业结构变化的速度也越来越快，今后人终其一生只从事单一职业的事情已经不太可能，不断变换职业将可能成为常态。但是，无论从事何种职业，我们都应该竭尽全力、积极进取，尽自己最大的努力不断追求进步。让敬业成为一种习惯，我们能从工作中学到更多的知识，积累更丰富的经验，并从全身心投入工作的过程中找到快乐。

恪尽职守是一种乐于奉献的人生态度。所谓敬业精神，是人们基于对一件事情、一种职业的热爱而产生的一种全身心投入的精神，是社会对人们工作态度的一种道德要求，它的核心是奉献。具体来说，敬业精神就是在职业活动领域，摆脱单纯追求个人和小集团利益的狭隘眼界，而把对社会和集体的奉献和付出看作无上光荣的事情。奉献是一种真诚自愿的付出行为，是一种纯洁高尚的精神境界，是社会主义公民职业道德的最高境界。说到奉献，人们就会想到雷锋、任长霞等英雄模范，作为时代英雄，他们的奉献是一种忘我的、全身心的奉献，具有一定的代表性和号召力。但奉献并非一定意味着舍生忘死这种大无畏的境界，我们的日常工作领域更需要的是一种平凡的奉献。平凡的奉献者往往是铺路者、奠基人，他们同样可贵、光荣。一份职业、一个工作岗位，是一个人赖以生存和发展的基础保障，也是人类社会存在和发展的需要。我们在自己的工作岗位上认真负责，尽心尽力，遵守职业道德，这也是一种崇高的奉献精神。

任何个人都无法脱离社会而独立存在，我们每个人无论岗位如何、能力大小如何，实质上都是在不经意间自我奉献着，也在不知不觉中享受着他人奉献的成果。新时代中国特色社会主义的伟大事业需要大量具有敬业奉献精神的人，因为只有具有敬业奉献精神的人，才会在自己的工作岗位上勤勤恳恳、一丝不苟，不断地钻研学习、精益求精，才有可能为社会、为国家做出自己的贡献。例如，石油勘探企业作为我国的工业龙头企业，环境恶劣，条件艰苦，从开发初期到现在涌现出了王进喜、王为民、王启民等铁人式的人物，正是许许多多像他们这样无私奉献的人，才实现了油田产业的快速发展，促进了社会的进步和祖国的发展。一个社会的文明程度，取决于每一个公民责任意识的强弱。在职业领域，我们倡导的奉献精神是以责任作为底线的，责任意识的强弱决定着工作质量的好坏。社会分工只有岗位不同，而没有高低贵贱之分，我们不能评价一个工人和一个农民的奉献孰优孰劣，他们只要在各自的岗位上尽职尽责、最大限度地发挥自己的聪明才智，就实现了自我价值和社会价值，就是为社会做出了贡献。因此，党员领导干部只有责任心强，弘扬正气，舍弃个人利益，顾全大局，才能更好地管理企业和单位，带领职工群众开拓进取；各类施工队伍只有责任心强，严格进行标准化操作，遵守各项规章制度，才能顺利完成各类施工的生产任务，促进公司经济效益的提升；后勤服务单位只有责任心强，急前线所急，想前线所想，提供优质满意的服务，才能确保生产的正常运行；外闯市场的队伍只有责任心强，积极适应激烈的市场竞争，才能以高时效、高质量、高信誉确保市场的开拓与稳定。奉献就是要从一点一滴的小事做起，从现在做起，从我做起，在各自的岗位上恪尽职守，兢兢业业。当工作上需要我们贡献力量时，我们要做的就是积极主动地去施展自己的能力与才华，而不在个人得失上斤斤计较。

恪尽职守还体现为一种艰苦奋斗的精神。从古至今，一个国家、一个民族，在强国富民的创业过程中，靠的就是艰苦奋斗。艰苦奋斗是中华民族的优良传统。中华民族向来以吃苦耐劳、勤俭持家、讲究奉献著称于世。艰苦奋斗是一种不怕艰难困苦，奋发图强、艰苦创业，为国家和人民的利益乐于奉献的英勇顽强的斗争精神。伟大的事业根源于坚韧不断地工作，它要求全力以赴，不避艰苦。艰苦奋斗精神集中表现为艰苦创业精神。艰苦创业精神并不是某个时代所特有的精神，而是与人类社会的发展并行的。在革命战争年代，艰苦创业精神在中国共产党领导人民实现民族独立和人民解放的光辉历程中得到了充分的体现。在改革开放和社会主义现代化建设新时期，艰苦创业精神在各行各业的劳动者身上继续发扬光大。新时代艰苦创业精神并未过时。我们提倡艰苦奋斗并不是提倡过苦日子、当苦行僧，而是反对铺张浪费和贪图享受。这样做既是为了用有限的财力、物力去创造明天美好的生活，也是为了培养吃苦耐劳、不畏艰险、不断进取、奋发向上的敬业和创业精神。

三、敬业是一种精益求精的创新精神

敬业不仅意味着恪尽职守，忠诚于自己的职业，它还要求我们在工作和劳动过程中精益求精。这是敬业的更高层次的要求，也是敬业精神

第一章　个人层面社会主义核心价值观的内涵

的升华。成功的人生源于对"精"的追求，大到一个国家、企业，小到每一个人，能否做到精益求精是决定事业成败的关键因素。但现实中常有这样一些人，他们总是不肯把事情做到尽善尽美，只用"足够了""差不多了"来搪塞了事。尽管从表面上看，他们很努力，也付出了很多，但做事效率却不高。由于他们没有把根基打牢，没有注重细节，往往没过多久，他们的工作便会出现很多漏洞。相反，那些追求精益求精的人，在长期不懈的努力过程中，不但提高了自身的才能，充实了自己的生活，而且也开始逐步胜任其他更重要的工作。追求至善，精益求精，做什么事就要做到最好，正是当今社会最需要的基本工作精神。只有具备精益求精的敬业精神，社会上的虚浮之风才会减少，企业才能稳步发展，才能实现国家的稳步发展和繁荣昌盛。精益求精贵在注重细节。老子曾说过，"天下难事必作于易，天下大事必作于细"。细节如同砂粒、水滴，被有心者积攒、汇聚，便可成为高塔、江海。细微之处见精神，许多事情的成败往往取决于一件微小的事，例如美国哥伦比亚号航天飞机就是因为发射前的一个小错误而机毁人亡。一代国学大师季羡林毕生致力于学术研究，为了了解更多不为人知的小细节，他经常出外探寻，甚至走进人迹罕至的小村落，历经多年，最终成为国人敬仰的大师。治学如此，做事亦是如此。我们一定要深刻理解"简单不等于容易，简单的招式练到极致就是绝招"的内涵。换言之，细节之中蕴含的，往往就是决定成败的玄机。因此，敬业意味着甘于平淡，认真把握好每个细节，能把简单的事做得不简单，把平凡的事干得不平凡，在细节中求发展，在细节中求完美。

使命与担当：爱国、敬业、诚信、友善 ● ● ●

精益求精意味着一种创新，而创新在国家发展和国际竞争中具有非常重大的意义。就中国来说，当前中国特色社会主义进入新时代，这意味着历经苦难的中华民族终于迎来了从站起来、富起来到强起来的伟大飞跃。但中华民族伟大复兴也面临着诸多挑战，其中最重要的一点是科学技术在创新方面还存在某些不足。习近平总书记指出："中国要强盛、要复兴，就一定要大力发展科学技术，努力成为世界主要科学中心和创新高地。"但是，问题在于"我国科技在视野格局、创新能力、资源配置、体制政策等方面存在诸多不适应的地方。我国基础科学研究短板依然突出，企业对基础研究重视不够，重大原创性成果缺乏，底层基础技术、基础工艺能力不足，工业母机、高端芯片、基础软硬件、开发平台、基本算法、基础元器件、基础材料等瓶颈仍然突出，关键核心技术受制于人的局面没有得到根本性改变"[1]。这是一个科学技术已经成为第一生产力的时代，国家发展和民族复兴都离不开科学技术的进步，而科学技术进步的核心在于创新。习近平总书记非常重视创新，他指出："创新是民族进步的灵魂，是一个国家兴旺发达的不竭源泉，也是中华民族最深沉的民族禀赋，正所谓'苟日新，日日新，又日新'。生活从不眷顾因循守旧、满足现状者，从不等待不思进取、坐享其成者，而是将更多机遇留给善于和勇于创新的人们。"[2] 近代以来人类文明进步所取得的丰硕成果，主要得益于科学发现、技术创新和工程技术的不断进步，得益于科学技术应用于生产实践中所形成的先进生产力，得益于近

---

[1] 习近平．习近平谈治国理政：第3卷．北京：外文出版社，2020：246.
[2] 习近平．习近平谈治国理政．北京：外文出版社，2014：51.

代启蒙运动所带来的人们思想观念的巨大解放。可以这样说，人类社会从低级到高级、从简单到复杂、从原始到现代的进化历程，就是一个不断创新的过程。不同民族发展的速度有快有慢，发展的阶段有先有后，发展的水平有高有低，究其根本，民族创新能力是一个决定性因素。这对企业来说尤为如此。在市场竞争激烈、产品生命周期短、技术突飞猛进的今天，不创新，就会灭亡。创新是企业生存的根本，是发展的动力，是成功的保障。时至今日，创新能力已成为国家的核心竞争力，也是企业生存和发展的关键，是企业实现跨越式发展的首要能力。习近平总书记在浦东开发开放三十周年庆祝大会上要求："全力做强创新引擎，打造自主创新新高地。科学技术从来没有像今天这样深刻影响着国家前途命运，从来没有像今天这样深刻影响着人民幸福安康。我国经济社会发展比过去任何时候都更加需要科学技术解决方案，更加需要增强创新这个第一动力。要面向世界科技前沿、面向经济主战场、面向国家重大需求、面向人民生命健康，加强基础研究和应用基础研究，打好关键核心技术攻坚战，加速科技成果向现实生产力转化，提升产业链水平，为确保全国产业链供应链稳定多作新贡献。"[①]

所以，敬业不仅意味着勤奋、坚韧和艰苦奋斗，还意味着一种创新精神，即用新的思路、新的方法、新的对策来解决问题，从而提高工作效率。具体来说，我们工作中所面临的问题不外乎有三类：老问题、新问题和即将出现的问题。针对这三类问题，创新的工作方法要求：一是老问题有新思路。时代的发展为每个人的工作提供了强大动力、广阔舞

---

① 习近平. 习近平重要讲话单行本（2020年合订本）. 北京：人民出版社，2021：207.

台，但同时也提出了新的更高的要求。只有敢于跳出习惯性逻辑推理，全面、客观、发展地思考和分析问题，在解决问题的过程中逐步提高创新能力，才能进一步提高工作效率和质量。二是新问题有新办法。在全球化科学技术飞速发展的今天，各个领域的新情况、新问题层出不穷，很容易导致人们在面对新问题时束手无策。这就需要调整思路，针对这些问题要用新的办法去解决，寻求工作的新突破。三是前瞻性问题有新对策。这要求人们在不断发展变化的环境中提高科学判断形势的能力、总揽全局的能力，做到对可能遇到的问题拿出对策和预案，把握工作主动权，取得更大的进步。也只有这样，才能在长期不断创新的过程中，让敬业成为一种可能，并在敬业的道路上走得更远、更光明。

总而言之，这种精益求精的创新精神，最终要体现为一种工匠精神。工匠精神实际上是对敬业精神最生动的阐释。首先，工匠精神表现为对职业的热爱和信念，即对自己所从事的事业有着一种崇敬和虔诚的态度，有着高度的责任心和使命感，能够几十年如一日地全身心投入自己的职业，做到干一行、爱一行。其次，工匠精神体现为一种精益求精的精神。"天下难事必作于易，天下大事必作于细。"这是工匠精神的具体写照。工匠精神必须追求每一个细节的完美、每个环节的打磨，唯有如此，才能制作出高质量的产品。最后，工匠精神体现为一种创新精神。人类社会科学技术飞速发展，传统的低技术、低质量、高成本和大量消耗人力、物力、财力以及破坏资源环境的粗放式经营方式已经不能适应社会的发展，技术创新可以用最小的人力和物力创造更大的社会价值。

第三节

"天道为诚"话诚信

作为社会主义核心价值观的重要组成部分,诚信是古今中外人们一直津津乐道的话题。在中国传统文化中,作为"天之道"的诚信是指导人们社会实践的伦理规范,具有根基性的价值和地位。在当代社会,诚信所蕴含的传统价值被赋予了新的时代内涵,成为新时代社会生活的重要价值规范。

一、诚信的内涵

"诚信"在现代社会通常被作为一个词组使用,用以表达诚实无欺、讲求信用这一基本的为人处世之道。在东汉许慎《说文解字》中,"诚"与"信"是互训关系,即二者可以互相解释,意义是相通的,所谓"诚,信也,从言,成声","信,诚也,从人,从言"。然而,"诚"和"信"毕竟是两个字眼,其各自的含义是既相互联系又彼此区别的。

"诚"字首见于《尚书》,但作为实词使用最早见于《左传》:"明允笃诚",疏云:"诚者,实也。"又见于《易·文言》:"闲邪存其诚","修辞立其诚",疏云:"诚谓诚实。"又见于《礼记·乐记》:"著诚云

使命与担当：爱国、敬业、诚信、友善

伪"，疏云："诚，谓诚信也。"一般来说，"诚"具有四个层面上的含义：首先，指说话符合实际，言语真实不欺；其次，与"伪"相对，即指真实；再次，诚者成也，有成就、完成之意；最后，是指恭敬、审慎的态度，如《礼记·大学》："欲正其心者，先诚其意。""诚"，更多地指涉个体的内在，指一种真实、诚恳的内心态度和内在品质。与"信"相较而言，"诚"所关涉的对象更多的是个体自身，是一个人对于自身道德水准和行为规范的要求，是个体对于自身将成为一个什么样的人的关切。《孟子》对"诚"的诠释是这样的："诚者，天之道也；思诚者，人之道也。"孟子将"诚"视为天道，视为一种由天理所定义的最为根本的道德属性；而人作为天地之造化、万物之灵长，必须通过对"诚"的认识、反思和践行来秉承天道，将"思诚"作为人之道，也就是人伦道德的基本规范。可见，"诚"所强调的是个体人格的内在朴实，尤其讲求内心的本真以及这种本真的外化。所以朱熹将之解释为"'敬以直内，义以方外'，便是立诚……诚者何？不自欺不妄之谓也。敬者何？不怠慢不放荡之谓也"。从历史起源来看，"诚"的观念起源于人们对鬼神的祭祀，它是人们对神灵应有的态度，是人们祭祀祖先时所应该体现出来的感情，是天道对人道的要求。在古代人的日常生活当中，祭祀是不可或缺的组成部分，它甚至是一种文化秩序和生活秩序，也是一种制度和文化现象。古人祭祀主要是出于祈福、避祸或报答的目的，唯有毕恭毕敬、虔心敬神，上苍才会接受享礼，人们的愿望才有可能实现，其心灵才能得到慰藉。《礼记·礼器》云，"君子之于礼也，有所竭情尽慎，致其敬而诚若"。可见，古人所讲的"诚"主要还是出于对神明的敬畏，并且归根结底是对于个体生命的执着和安全感的诉求。

"信"的文字记录开始得比"诚"要早。它最早出现在晚商以降青铜器上的金文当中，如战国中山王鼎上铸有"余知其忠信也"字样。四书五经当中，多处可见关于"信"的记载，如"信誓旦旦"（《诗经·卫风·氓》），"信及豚鱼"（《易·中孚》），"选贤与能，讲信修睦"（《礼记·礼运》）。而在日常用语当中，也常常出现"信"的踪迹，如"信物"，指的是作为凭证之物；"印信"，指的是古代公文书所用印记的通称，大概类似于我们今天的公章。"信"，至少是发生在两个人之间的关系当中，涉及个人自身外在的言行，涉及人与人之间的作用和影响。如果说"诚"的重心在于我，则"信"的重心在于人，尤其在于个人自身言行对他人的影响。所以，"信"是一种基于主体间性的道德准则，而并不仅仅关系一己之诚。与"诚"一样，"信"的观念也体现在人们对神灵的态度上。在先秦天命观的大背景下，各国之间的盟誓最早是原始的诅誓咒语，是对神灵的承诺和保证，如《左传·隐公元年》曰："杀牲歃血，告誓神明，若有背违，欲令神加殃咎，使如此牲也。"古人将盟誓的约束力诉诸神明，实际上是将道德力量与宗教力量紧密结合以达到定约目的的一种手段，后来这种"信"的观念就衍生为我们处理人际关系的基本准则。

"诚"与"信"虽然有着各自的内涵，但实际上都是以"天道"为本，是天道在不同实践层面上的具体化，因而两者可以互训。"诚信"作为一个词组连用始于战国中期以后，见于《逸周书·官人解》："父子之间，观其孝慈……乡党之间，观其信诚。"其后的《管子》《孟子》

使命与担当：爱国、敬业、诚信、友善

《荀子》等经典当中也陆续出现了"诚信"一词。如"诚信者，天下之结也"，"故君子可欺以其方，难罔以非其道。彼以爱兄之道来，故诚信而喜之"，"端悫诚信，拘守而祥"。由于先秦思想家的提炼和阐发，"诚信"作为一种思想最终得以确立，成为为己为人的基本规范，并被赋予了那个时代特定的道德价值和社会意义。"诚信"的基本内涵就是诚实信用的品行，其主要内容包括虔诚信奉、诚实守信和忠诚信义等。一般来说，除了"诚信"二字之外，用以表达诚信品行的词语、词组还有"信义""忠信""义""忱""直""质"等。

对个体而言，诚信是能力和责任。首先，"天道为诚"对于古人而言是一种极为重要的观念。孔子曾说"天何言哉？四时行焉，百物生焉"，由此感叹天道不变的四时规律，而万物得以顺应其时而生息繁衍，这是何等的恩赐。古人对于"天道"的敬畏，正是由于人与自然界之间紧密深厚的关联，故而追求"天人合一"。既然"诚者天之道"，那么，人道追求诚信，亦是天经地义之事。其次，人乃万物之灵长，诚信乃是人相较于万物的超越性之所在。人在日常生活中的良好行为规范，包括"诚信"在内的"礼"，正是区别于禽兽之处。好比《穀梁传·僖公二十二年》中所谓"人之所以为人者，言也。人而不能言，何以为人？言之所以为言者，信也；言而不信，何以为言？"最后，诚信不仅是人的本分，也是人的能力。孔子强调"人能弘道，非道弘人"，认为人能够通过自身主观能动性的发挥来提升道德修养和思想境界。持性善论的孟子更是将孔子的这一观点发扬光大，提出了人有四端之心："恻隐之心"、"羞恶之心"、"辞让之心"和"是非之心"，并进一步指出如果没有四端

之心，便不足以成其为人。从这里出发，孟子推导出了人的美德和理性，称之为"良知良能"，只要充分发挥良知良能的作用，人人皆可为尧舜。

在五伦之中，诚信是基本的品德和伦理要求。人伦有五，所谓"父子有亲，君臣有义，夫妇有别，长幼有序，朋友有信"。这其中又分为以"父子"和"长幼"等先天血缘关系构成的"天属"，以及以"君臣"、"夫妇"与"朋友"等后天社会关系构成的"义合"。诚信是五伦当中基本的伦理要求，尤其体现在君臣之义和朋友之信上。君臣关系有严格的贵贱、尊卑和名分上的规定和约束，但归根结底它也是一种利益交换基础上的彼此需要，相对于天属关系是比较松散的，因而才有"君之视臣如手足，则臣视君如腹心；君之视臣如犬马，则臣视君如国人"的说法。如此一来，诚信之道对于维护君臣关系就显得尤为重要。春秋战国时期的君主为了招贤纳士、取信于民而"千金买马骨"或是"桐叶封疆"的故事便是典型的例子。《左传·僖公二十五年》中还记载了有关晋文公的一则史实：晋文公率兵攻打原城，出征前下令只带三日军粮，三日攻不下便班师还朝。然而，三日后，原城始终未降。文公下令撤兵，探子来报："再等等吧，原人快顶不住了"，将领们也说："再围攻几天试试看。"晋文公却道："信，国之宝也。这是人民的依托之所在。倘若我们得了原城却失了信用，将来人民何所依托？如此一来，我们的损失岂不是更大？"于是撤军。不料，才刚退了一舍之地，原城之人便因服膺于晋文公的诚信而开城门归顺了。朋友关系与其他四伦相比显得更加自由、自主而充满活力。朋友之伦超越了血缘、功利和社会阶

使命与担当：爱国、敬业、诚信、友善

层，不纠缠于世俗名分，也不牵制于社会等级，因而其对于道义和情义的要求就更高。孟子告诫弟子交朋友应该"不挟长，不挟贵，不挟兄弟而友。友也者，友其德也，不可以有挟也"。古往今来伟大的友谊有很多，无不是以诚相待，以义相守，以意趣相投。钟子期与俞伯牙高山流水遇知音的故事已然是家喻户晓。东汉时，荀巨伯去探望一位生病的朋友，恰逢胡贼攻城。友人对荀巨伯说："我今天是要死在这儿了，你赶紧走吧。"巨伯却说："我是专程赶来看你的，如果就这样走了，贪生怕死，置朋友义气于不顾，这种事儿我可做不出来。"胡贼来后，对巨伯说："我们一来，整个城的人都跑光了，你是谁？竟敢留下来？"巨伯答道："我的朋友生了病，不忍心丢下他不管。你们如果要杀的话，请杀了我，放过我的朋友。"胡贼听了，面有愧色道："我们是无义之人，却到了有义之国。"于是就此撤兵。因为荀巨伯的高义，整个城池得以保全。朋友之义，最考验一个人的品格。因为朋友之间完全平等，没有利益或血缘的制约，彼此唯有以情义相对，仅仅受各自的品德影响。因此，诚信在朋友之间是最基本的道德诉求。

在国家之间，诚信是军事和政治的需求。春秋战国时期，列国之间征战不休，军事与政治的交接与营谋十分频繁。这一时期的政治生活当中对诚信的需求很强烈，有时诚信甚至起着决定性的作用。就军事而言，唐代李筌所著《太白阴经》中道："盖兵者，凶器；战者，危事。阴谋逆德，好用凶器，非道德、忠信不能以兵定天下之灾、除兆民之害也。"兵器和战争都是危险的，所谓"一将功成万骨枯"，所以军队更应该交到忠信之士的手中，方可避免为害于民、生灵涂炭。理想的军队应

该军纪严明、令行禁止，这样方能保证用兵的效率和正义性。就政治而言，盟誓和人质在很长一段时间里曾是列国之间政治生活的重要组成部分。单就春秋时期来看，《春秋》一书所记载的会盟就有109次。盟誓主要是两国之间化解危机、增进信任的一种仪式。由于当时盟誓的重要性，周天子和各诸侯国都有专门的机构来管理和推动此事，这个机构称作盟府，其专职管理人员称作太师。而人质则是除了盟誓之外的另一种国与国之间强化彼此信任的方式。这种人质与今天的人质不可同日而语。虽然它多多少少还是具有被胁迫的意味，但多数还是自觉自愿的，是一国为了获取另一国的信任和支持所设的质押，其对象通常是一国的王储，其过程也会有周密的计划和安排。当然，这一切在孔子看来不过是礼崩乐坏的表现。恰恰是因为失信的苗头四起，列国之间才需要以盟誓和人质来维持基本的诚信。而"信不由中，质无益也"，如果双方不具备诚信基础，就算互设人质也不过是镜花水月一场空。倘若双方之间有真正的信用，又何必一定要设立一个人质来维护彼此的信任呢？

二、诚信观的历史演变

诚信的原初形态是盟誓。"盟誓"二字亦可分解。"盟"字见于甲骨文和金文，我们可以据此推断，盟起源于原始部落时期。部落之间为了确保约定的履行，需要请神灵来作为见证。《说文》载："盟，杀牲歃血，朱盘玉敦，以立牛耳。"《释名·释言语》载："盟，明也，告其事于神明也。"盟的本义是上告于神，歃血为凭。"誓"字多见于西周铭文。《礼记·曲礼》载，"约信曰誓"。《说文》载："誓，约束也。"段玉裁注:"凡自表不食言之辞皆曰誓,亦约束之意也。"可见,誓的本义是凭借语言的力量,确保誓言付诸实施。总而言之,盟誓是依仗神灵之力来保证誓言的神圣性,其背后实则是诅咒的力量,即,如果背誓,就是对神灵的亵渎,将会受到神灵的惩罚。然而随着人对自然界的认知能力的提高,人类的自我意识开始觉醒,神灵的地位也动摇了,人们不再像从前那样唯天命是从。而这种变动当然也会体现在人们的社会交往和人际关系的层面上。人与人之间的关系渐渐地不再仅仅依靠神的庇佑和保障,而更多地注入了人性和人格在其中。这是盟誓向诚信过渡的时代背景。事实上,在中国历史上,人们还有另一种达成约定的形式,那就是"胥命"。《春秋·左传集解》注曰,"申约言以相命而不歃血也"。也就是说,定约双方仅凭口头承诺而不举行歃血仪式,是一种建立在双方信义基础之上的"君子之约"。胥命不再凭借鬼神之力,转而倚重人的信义和人格,这本身就是一种巨大的进步,也是古人的理想。《荀子》讲:"不足于行者,说过;不足于信者,诚言。故《春秋》善胥命,而《诗》非屡盟,其心一也。"可见,不论是《荀子》《春秋》还是《诗经》都将胥命视为人类道德自律的典范,而将借助神鬼之力的盟誓视为应该遭到贬抑的活动。这是人格对神格的反抗,也是中国传统诚信观念对神性束缚的一次突破。

(一) 先秦诸子时期的诚信观

早期的诚信并没有形成固定的思想观念,人们在一定程度上还保留着原始宗教式诚信的质朴形态,也受到政治世俗化的冲击而具有显著的功利性。随着时间的推移和文化的积淀,诚信逐渐被先秦诸子百家升华成一套理论观念。这里简单列举儒家、道家和法家的诚信观。

儒学是中国传统社会的主流思想,在中国历史上源远流长,影响深远,并且时至今日仍然影响着中国人的思想观念和日常生活。儒家以伦理思想为核心,而诚信伦理则是其中至关重要的一维。孔子有"民无信不立"的说法,孟子则提出了"诚者,天之道也;思诚者,人之道也"的观点,荀子也有"信信,信也;疑疑,亦信也"的思想。他们从各自的时代背景和价值预设出发,对位列儒家五常之一的"信"进行了梳理、研究和阐发。

孔子是儒家的创始人物,他对于诚信十分看重。仅就《论语》而言,其中涉及"信"的伦理阐释有36处,这些阐释使得"信"的内涵得以丰富和深化。诚信的含义有二:一为诚实不欺,一为守信践诺。就"诚实不欺"而言,孔子曾做过这样的阐释:王道应该"多信而寡貌。其礼可守,其信可复,其迹可履其于信也,如四时春秋冬夏"。也就是说,君王取信于民,应该多讲信义而少做表面文章,最终使得人民对君王的信任,能够像相信四季的流转和万物的枯荣一样,如此自然而笃定。一个君子,一位德行完善的人,应该做到对人对己的真诚。不够真诚或是颠倒是非的行为,是君子的耻辱。就"守信践诺"而言,孔子指出君子应该做到"言之必可行也。君子于其言,无所苟而已矣"。这句话实则包含了两个层面上的要求:首先,许诺不能仅仅贪图一时的口舌之快,而应充分考虑该承诺的可行性,以保证说出口的诺言能够得到实施;其次,在这个基础上,不论时过境迁之后外在条件和个人状况有了怎样的改变,君子都应信守承诺,绝不能以今日之诚否定往昔之诚。

使命与担当：爱国、敬业、诚信、友善

"仁义礼智信"这五个伦理范畴并称五常，它们彼此关联、互相渗透，是一个密不可分的有机整体。故而，孔子的论述中也常常谈到诚信与其他四常之间的关系。"仁"是孔子整个思想体系中的最高范畴，也是孔子思想的至高统摄和终极目标。孔子曾说"能行五者于天下为仁矣"，即是说，能做到"恭宽信敏惠"这五点的人，便已达到了"仁"的境界。可见，信还是仁的组成元素和达成途径。"义"与"信"之间有共通之处，因为它们都是对承诺的坚持和固守，然而孔子又说"君子义以为质"，"信以成之"，将"义"视为君子人格的基底和本质，而"信"则是完善君子人格的手段。所以孔子也主张，当"信"与"义"相冲突时，要"贞而不谅"，即在审慎的权衡之后应坚持道义而不是狭隘的承诺。"礼"是"信"的旨归，也是形成社会信任关系的手段。"智"是"信"的理性指导，有了"智"的保障，才不会做出错误的承诺，才不会因固守诺言而被人利用。

孟子为"信"的思想观念带来了新的发展。首先，"信"被孟子纳入"五伦"之中。所谓"五伦"，是孟子提出的必须遵循的五种人伦关系准则，包括"父子有亲，君臣有义，夫妇有别，长幼有序，朋友有信"。这是"信"第一次被提升到人伦的维度。其次，孟子确立了"惟义所在"的诚信思想原则。在孟子之前，作为一种道德规范的诚信是没有明确的评价标准的。而到了孟子这里，他尝试着给出了一个标准，即"言不必信，行不必果，惟义所在"，从而将"义"放在了评价标准的地位上。最后，在实践层面上，孟子强调了"信"的政治功能。他认为倘若举国上下都孝悌忠信，那就能形成无坚不摧的力量，反之，如果一个

国家欠缺起码的社会信用，其前景则堪忧："朝不信道，工不信度，君子犯义，小人犯刑，国之所存者幸矣。"孟子在政治层面上所讲的诚信主要是对统治者的要求和期许。因为，在他看来，诚信的普及必须是统治者垂范的结果。

荀子则尤其注重在"群"的整体语境下对诚信进行探讨，也就是探讨在社会共同体和人际关系当中的诚信观念。由于荀子抱持性恶论，他十分重视嫉妒与诚信的关系，得出了"世之灾，妬（妒）贤能"的结论，直接将嫉妒指认为"不诚信"的表现。国君也好，朝臣也罢，在名利是非的旋涡当中，如果为了战胜对手而不择手段，"不恤是非，然不然之情，以期胜人之意"，那么终究也就是嫉贤妒能的小人。以国君为例，嫉贤妒能的君主被荀子称为"暗主"，荀子甚至将夏朝和周朝的覆亡归咎于暗主的嫉妒。"闇（同'暗'）主妬贤畏能而灭其功。罚其忠，赏其贼，夫是之谓至闇，桀、纣所以灭也。"嫉妒导致国君的决策错误，导致人才流失、佞臣当道，并最终导致国运的衰微。荀子认为，为了避免这种情况的发生，君主应该虚怀若谷，如此一来，臣下才能淡泊功利。另外，荀子还特别强调了"智"与诚信的紧密关联。他提出"诚信如神"人不欺，还提出"信信，信也；疑疑，亦信也"，认为君子应该相信可信之士，怀疑可疑之人，这就把诚信与基于智慧的鉴别能力结合到了一起。最后，荀子在儒家先贤思想的基础之上，深入地探讨了"礼"与诚信的关系，认为将诚信内化为君子品格是"礼"的目标，因为礼是客观世界和人类情感的真实反映，也就是说"礼"本身就已经蕴含着"信"。明礼守礼之人，贯通了天道与人道，也就不会受到蒙蔽和

使命与担当：爱国、敬业、诚信、友善

欺骗。

　　法家是我国战国时期的重要思想流派，其主要思想一言以蔽之乃是："不别亲疏，不殊贵贱，一断于法。"法家流派主要的代表人物是商鞅和韩非子。在诚信观念方面，法家的贡献主要在于：首先，基于对人性好利的深刻认识，重新界定了诚信观念的价值和意义；其次，将诚信打造成为一套行之有效的统治工具；最后，对于诚信的政治意义的强调，乃是为了服务于其"法治国"的核心理论。韩非子是先秦法家思想的集大成者，他的全部思想建基于对"人性好利"的深刻认识和阐发之上，其诚信观也不例外。在韩非那里，人"以肠胃为根本，不食则不能活，是以不免于欲利之心"，因而父母与子女、君主与臣民以及其他推而广之的社会关系统统出于自利，而所谓的父慈子孝、君惠臣恭都是子虚乌有的空言。既然如此，韩非随即提出，人不可信，唯一值得相信和倚重的是具有普适性的法，"矫上之失，诘下之邪，治乱决缪，绌羡齐非，一民之轨，莫如法。属官威民，退淫殆，止诈伪，莫如刑"。对于国君而言，施法于官员可以令他们俯首帖耳，施法于民众可以一统他们的思想观念和行为准则。因而，培养官员和民众的法律信仰是国君治国的基石。韩非所讲的"信"乃是对法律的信仰、信任和信赖。在他看来，"信"毋宁说是一种统治工具。国君取信于民，是为了进一步立威以维护其统治。正所谓"小信成则大信立，故明主积于信。赏罚不信则禁令不行，说在文公之攻原与箕郑救饿也。是以吴起须故人而食，文侯会虞人而猎。故明主表信，如曾子杀彘也。患在厉王击警鼓与李悝谩两和也"。韩非的诚信观虽纯然是从维护君主的统治秩序出发，将诚信视为一种手段和工具,并没有上升到伦理层面,但他对法律信用的推崇却值得后世思考和参照。

以老子和庄子为代表的道家对诚信观念持否定和批判的态度,然而他们采取这种态度的理由似乎更值得追究。道家的创始人老子生活在礼崩乐坏的春秋末期,他认为恰恰是"仁义礼智信"等人为强加的道德规范破坏了人的本真状态,从而导致了人心的动荡和时代的乱局。老子说,"大道废,有仁义;慧智出,有大伪。六亲不和,有孝慈;国家昏乱,有忠臣",人的本真状态是圆融的,与天地为一,不受概念和名相的拘束。在老子那里,道德是自足、自洽和自我圆满的,而诚信概念的出现恰恰意味着这种淳朴的道德状态已经失落。庄子继承了老子返璞归真的道德学说,并进一步高扬人与生俱来的天性,认为"礼者,世俗之所为也;真者,所以受于天也,自然不可易也。故圣人法天贵真,不拘于俗。愚者反此"。更有甚者,庄子对三皇五帝等历代先贤大加笞挞,认为道德沦丧的源头在于他们对于仁义和文明的倡导,"昔者黄帝始以仁义撄人之心,尧、舜于是乎股无胈,胫无毛,以养天下之形,愁其五藏以为仁义,矜其血气以规法度"。人们首先有了分别之心,有了仁与不仁的概念差异,这才有了阳奉阴违、口是心非。这其中包含着道家"天人合一"的深刻哲学思想,并不仅仅局限于政治或伦理的层面。

从实践层面来讲,老庄的思想恰恰与法家截然相反,他们尤其反对将"信"作为统治手段,反而在政治上强调"无为而治"。对于统治者,道家强调的是减少和限制他们的控制欲和其他私欲,强调"我无为,而民自化;我好静,而民自正;我无事,而民自富;我无欲,而民自朴",

认为统治者可以按其高下分为四等："太上，不知有之；其次，亲而誉之；其次，畏之；其次，侮之。"最好的统治者，百姓甚至感觉不到他的存在；第二等的统治者，百姓亲近并赞美他；第三等的统治者，百姓畏惧他；最差的统治者，百姓轻侮他。道家认为，诚信应该在一个质朴而本真的大氛围中被肯定、被培育和被发扬，然而在整体性的虚伪当中去强调诚信，毋宁说是欺世盗名的行径，这样的诚信不值得推崇。

（二）唐宋时期的诚信观

汉代董仲舒在发扬儒术的同时，也继承和发展了先秦诸子的诚信观念，并将诚信纳入三纲五常的范畴之内，使之成为儒家思想最重要的载体之一。同时，汉代其他重要人物如刘向、扬雄、司马迁和班固等也从各自的角度对诚信思想进行了继承和发展。而魏晋南北朝时期政治动荡混乱，充满了攻伐和背叛，更是一个急需诚信的时代，这一时期道教和佛教对诚信思想各有贡献，直接推动了隋唐以后诚信伦理道德的发展。此后，我们可以看到，唐宋明清时期的诚信观念更加理论化，也更加具有实践性和可操作性。

唐太宗将"诚信"作为他的执政纲领和施政方针，努力倡导社会的诚信之风，可以说是对诚信观念认识最透彻、运用最深入的帝王。在其立国之初，唐太宗便说道："朕看古来帝王，以仁义为治者，国祚延长，任法御人者，虽救弊于一时，败亡亦促。既见前王成事，足是元龟。今欲专以仁义诚信为治，望革近代之浇薄也。"他认为，纵观历代帝王当中，以仁义治国的，则国家长治久安，而以酷性厉法治国的，虽然能够得到一时的安稳，却难免很快衰亡，以史为鉴，他认为以诚信与仁义治国才是根本。此后,他始终躬行诚信之道,也告诫臣子以诚信治事。他偏爱直臣,与直言敢谏的魏徵、张玄素等诚信之臣肝胆相照、精诚合作,是以开创了贞观之治的辉煌局面。其后如高宗、武则天、玄宗等帝王也都纷纷将诚信之理贯通于治国之道当中,不论是在君臣之道、政治统治方面,还是在民族关系方面都起到了十分积极的作用。魏徵是唐朝名相,也是唐太宗最为信赖的重臣,他提出"德礼诚信,国之大纲"的指导思想,将诚信作为治国之本。他以直言敢谏著称,曾多次谏止太宗不诚信、不合适的行为。其余诸重臣如房玄龄、杜如晦、张玄素等都以诚信为政,视诚信为值得追求的政治目标。正是他们的施政和直谏使得唐朝的政治更加理性和开明。韩愈是唐朝最为重要的思想家和文人之一,他从孟子"仁义礼智根于心"的思想出发,得出了"信"内在于人的本性的结论,认为诚信是人类不可丢弃的德性。韩愈发言直率、操行坚正,但却屡因直率获罪遭贬,但他从不因此改变自身的行为处世之道,始终坚持诚信,坚持原则。他的弟子李翱更是秉承了韩愈对诚信的推崇,进一步将诚信推向了天人合一之境。李翱在《复性书》中写道:"道者至诚而不息者也,至诚而不息则虚,虚而不息则明,明而不息则照天地而无遗,非他也,此尽性命之道也。哀哉!人皆可以及乎此,莫之止而不为也,不亦惑耶?"他将诚信作为性命之道,是上天通达于人事的境界。可见,唐代的诚信思想是丰富的,正是在这一时期,诚信作为一种美德被发扬光大。这其中既有对前朝的继承和发扬,又有对当下时代状况和生活样态的启发和指导,因而对后世有着深远的影响。

宋代商业活动已经逐渐繁荣起来,因而在民间,契约原则已经得到

使命与担当：爱国、敬业、诚信、友善 ● ● ●

建立和完善，法律严格规定产品的质量信用、价格信用、度量衡信用以及中间人信用。这都是此前的时代未曾出现过的新鲜事物，也是诚信在民间普及的契机。宋代的诚信观念主要体现在理学的成就上。宋儒追根溯源，对宇宙、人性等进行理性的、本体的探讨。周敦颐将"诚"视为"圣人之本"，将"元亨利贞"解释为，"元亨，诚之通；利贞，诚之复"。可以说，周敦颐的整套哲学体系都建立在"诚"这个概念之上。他将"诚"视为五常之本、百行之源，"五常百行非诚，非也，邪暗塞也。故诚则无事矣"。人性的充盈和完成是从"诚"开端的。诚是仁义礼智信的源头，如果没有它，一切都将归于暗昧，而一旦有了诚，五常便得以持守，人性也就有了向着圣贤升华的可能。程颐、程颢兄弟并称二程，在诚信观念方面，他们倡导"人道只在忠信"。二程将人性分为"天命之性"与"气质之性"，其中，前者是人人都具备的，不论是圣贤还是众生都一样。而使圣贤区别于众生的则是后者，"气有清浊，禀其清者为贤，禀其浊者为愚"。因而，众生如果追求超越，追求圣贤之境，就务必不断澄明自身的气质，纠正气质之性当中的偏颇，使气质之性与天命之性达到统一，这也是一种对于人性的忠信之道。朱熹更是开诚布公地讲"忠信是根"，认为只有在忠信的基础上，人性的其他维度方可开枝散叶。"人若不忠信，如树之无本，水之无原，更有甚底！一身都空了……凡百处事接物，皆是不诚实，且谩为之。如此四者，皆是修身之要。就其中'主忠信'，又是最要。"可见，在朱熹这里，诚信的地位有了一个极大的提升。诚信不仅是进入道德境界的起点，更是待人接物的准则和人性的本质。

（三）明清时期的诚信观

明代以后，社会动荡频繁，封建主义走向没落，新型的资本主义萌芽正在寻找合适的契机生长。商品经济的迅速发展，使得市民阶层不断壮大，这一切都促使人们的思想观念发生变化。诚信思想渐渐受到拜金主义的冲击。然而，正是在这种情况下，诚信观念尤其受到重视，也更多地彰显了人格的力量。

明朝的开国名臣刘基（字伯温）非常重视诚信问题。在个人修养方面，刘基认为："善疑人者，人亦疑之；善防人者，人亦防之。善疑人者，必不足于信；善防人者，必不足于智。"刘基厌憎心理阴暗的多疑者，认为这样的人不可信也不自信，在人格上是有缺陷的。他提倡人与人之间应开诚布公、坦荡而真诚地交流，如此才能形成良性互动。在政治诚信方面，刘基认为统治者一旦采取欺骗的手段对付民众，则民众也会以同样的方式对付统治者，并且从此对统治者失去信任。这样一来，虽然统治者得到了表面上的顺从，但在民众当中却早已暗流涌动，这绝非长治久安之道。

明末清初的大学者王夫之也曾对诚信有过精辟的阐释。他说"信者，礼之干也；礼者，信之资也"，将诚信视为礼的基础，而将礼视为诚信的辅助和凭借。可见，在王夫之这里，信的地位是更为本质的，这是对孔子和孟子的诚信观的颠覆。王夫之还特别注重个人的操守，尤其鄙视"无恒"之人，认为反复无常的人全然不值得信任，甚至说，"人之于无恒而止矣"，就是说，人到了朝秦暮楚、出尔反尔这一步就是最糟糕的了，属于"必诛"之流。

使命与担当：爱国、敬业、诚信、友善

三、诚信观的当代发展

诚信思想在中华民族优秀文化传统中源远流长，并形成了自身独特的诚信文化。总体来讲，诚信在传统文化中一直处于个人修养、社会交往的核心位置。当然，诚信的内涵并不是一成不变的，而是随着时代的发展与时俱进。

马克思主义经典作家也非常重视诚信问题。马克思、恩格斯曾多次批判资产阶级在道德问题上的虚伪性，认为它们"全都是资产阶级偏见，隐藏在这些偏见后面的全都是资产阶级利益"[1]。恩格斯在批判资产阶级经济学家时指出："经济学家离我们的时代越近，离诚实就越远。"[2] 列宁非常重视诚实的力量和价值，他在1905年写给《太阳报》编辑部的信中，将"决不要撒谎！我们的力量在于说真话！"作为这封信的标题。诚信问题也始终贯穿于中国共产党人领导中国革命、建设、改革的历史进程中。毛泽东在继承中国传统诚信文化的基础上，在反对主观主义、本本主义和教条主义的斗争中，强调实事求是的思想路线。实事求是一方面反映了中国共产党人遵循宇宙客观规律的"天道"，正如毛泽东所说："我们党是有实事求是传统的，就是把马列主义的普遍真理同中国的实际相结合。"[3] 实事求是另一方面也反映了中国共产党人以"诚"为本、坚守初心的历史使命感，毛泽东指出："世界上怕就怕'认真'二字，共产党就最讲'认真'。"改革开放的总设计师邓小平

---

[1] 马克思，恩格斯. 马克思恩格斯选集：第1卷. 3版. 北京：人民出版社，2012：411.
[2] 同[1]20.
[3] 中共中央文献研究室. 毛泽东文集：第8卷. 北京：人民出版社，1999：237.

则强调：“实事求是，是无产阶级世界观的基础，是马克思主义的思想基础。过去我们搞革命所取得的一切胜利，是靠实事求是；现在我们要实现四个现代化，同样要靠实事求是。"[①] 随着中国全方位的对外开放，中国逐渐融入世界大舞台，在这一时代背景下，邓小平强调："中国是信守诺言的。""中国是联合国安全理事会的常任理事国，中国理解自己的责任。有两条大家是信得过的，一条是坚持原则，一条是讲话算数。"[②]

当前我们已经进入中国特色社会主义新时代，迎来了实现中华民族伟大复兴的光明前景，开始实现从站起来、富起来到强起来的伟大飞跃，在这一伟大进程中，需要构筑中国价值、中国精神、中国力量，因而必须以诚信为根基把14亿多中国人民团结起来汇聚成一股强大的磅礴之力。正如习近平总书记所强调的那样："人与人交往在于言而有信，国与国相处讲究诚信为本。"[③] 2014年5月4日，习近平总书记在北京大学师生座谈会上谈到诚信问题时，引用了《论语》中的"言必信，行必果"和"人而无信，不知其可也"两句古文，并指出："像这样的思想和理念，不论过去还是现在，都有其鲜明的民族特色，都有其永不褪色的时代价值。"中国共产党人言必信、行必果，说到做到，努力以道德的力量去赢得人心、赢得事业成就，从而赋予诚信崭新的时代内涵。如今，诚信作为一种社会主义核心价值准则，已经成为新时代中国特色社会主义文化体系的重要组成部分。

新时代诚信观的内涵是在中国传统诚信观基础之上融合了新时代的

---

① 邓小平. 邓小平文选：第2卷.2版. 北京：人民出版社，1994：143.
② 同①415.
③ 习近平. 习近平谈治国理政. 北京：外文出版社，2014：292.

使命与担当：爱国、敬业、诚信、友善 ● ● ●

特征所形成的，以习近平同志为主要代表的中国共产党人在继承中华优秀传统文化的基础上开拓了马克思主义诚信观的新境界，从政治、经济、社会和国际交往等方面赋予了诚信观新的时代内涵。首先是政治诚信。政治诚信是对党员干部在政治立场、政治信仰、政治原则、政治行为等方面的守信原则，它要求领导干部要把深入改进作风与加强党性修养结合起来，自觉讲诚信、懂规矩、守纪律，襟怀坦白、言行一致，心存敬畏、手握戒尺，对党忠诚老实，对群众忠诚老实，做到台上台下一种表现，任何时候、任何情况下都不越界、不越轨。领导干部要把对党的忠诚和对社会主义、共产主义的信仰同全心全意为人民服务结合起来，要心系群众、密切联系群众，把全心全意为人民服务的宗旨落到实处。习近平总书记强调："各级领导干部要以身作则、率先垂范，说到的就要做到，承诺的就要兑现。"[①] 其次是社会经济诚信。社会主义市场经济是一种信用经济，它必须建立在诚信基础之上。作为市场经济的基本单元，"公有制企业也好，非公有制企业也好，各类企业都要把守法诚信作为安身立命之本，……偷税漏税、走私贩私、制假贩假等违法的事情坚决不做，偷工减料、缺斤短两、质次价高的亏心事坚决不做。"[②] 诚信是社会主义市场经济正常运转的关键环节，它要求每个市场主体都要通过诚实守信的方式进行商品销售、签订合同等市场活动。在市场经济充分发展的今天，任何丧失诚信的社会经济活动都会造成极大的社会负面影响，影响人与人之间的正常交往。最后是外交诚信。

---

① 习近平. 习近平谈治国理政. 北京：外文出版社，2014：387.
② 习近平. 习近平谈治国理政：第2卷. 北京：外文出版社，2017：265.

2021年10月30日，习近平主席在出席二十国集团领导人第十六次峰会第一阶段会议并发表讲话时，引用了中国古代名言"诚信者，天下之结也"，强调中国恪守诚信外交，以诚信结交天下朋友的外交原则。改革开放以来，中国始终坚持对外开放的基本国策，把中国经济的发展同世界各国经济的发展紧密结合在一起，推动中国经济和世界经济的繁荣。在这一过程中，诚信外交无疑发挥了巨大的作用。"人与人交往在于言而有信，国与国相处讲究诚信为本。"[1] 习近平将诚信作为与世界各国交往的基本原则，既体现了对中华优秀传统文化的继承与发展，也树立了中国"以诚待人、以信为本"的负责任的大国形象。

总之，正如习近平总书记所强调的："企业无信，则难求发展；社会无信，则人人自危；政府无信，则权威不立。"[2] 我们要想实现中华民族伟大复兴的中国梦，就需要用诚信这个法宝来整合全社会各方面的力量，共建诚信中国，构建新时代具有中国文化意蕴和特色的诚信社会。

第四节

"仁者爱人"践友善

友善是人类大家庭中的成员得以和谐相处、共同生活和共同发展必

---

[1] 习近平. 习近平谈治国理政. 北京：外文出版社，2014：292.
[2] 习近平. 之江新语. 杭州：浙江人民出版社，2007：18.

不可少的道德准则。人类社会的存在和延续需要最基本的物质基础保障，还需要友善作为人与人和谐相处的润滑剂和精神支撑。友善不仅是个人不可或缺的美德，也是一切道德修养的起点。友善作为一种价值观，不管在中国传统文化还是西方文化中，都有着深刻的思想渊源。

一、友善的内涵

从字源上分析，现代汉语中的"友善"在古代汉语中是分别作单字使用的。"友"在甲骨文中是 ，从字形上看它是由两个"又"字组成的，就像是朝着同一方向的两只手握在一起。《说文解字》解释说："同志为友，从二又，相交友也。"《易·兑》之疏有所谓："同门曰朋，同志曰友。"作动词时，"友"有结交、互相合作、予人帮助或支持的意思。因此，"友"在古文中表示两个人以手相助，握手结交，彼此友好，相互帮助。也就是说，"友"在本义上象征着朋友之间的相互援手和相互帮助。"善"在古文中是一个会意字，从羊，从言。也就是说，"善"由"羊"（吉祥的代表）和"言"（讲话）组成，本意是吉祥的话语，两者放在一起，寓意是互相帮助和互相祝福。因此，《说文解字》解释说："善，吉也。"所以"善"的本义为吉祥。"友"与"善"结合成友善，从字面上说就是像朋友一样善良。

友善是中华民族的传统美德之一，中华优秀传统文化非常强调人与人之间的友善，其中有大量关于友善思想的论述。其基本的思想在于教导人们以和谐友善的态度和宽广的胸怀对待他人、社会和自然。如《周易》中说"地势坤，君子以厚德载物"，《论语·学而》中的"礼之用，

第一章　个人层面社会主义核心价值观的内涵

和为贵"等，都是强调以友善的态度来处理人与人、人与自然的关系。孟子曾说过："君子莫大乎与人为善。"在儒家文化中，友善的内涵包括两个相互联系的层面：第一，友善并不是空洞的教条，而是一个人爱心的外化，孔子认为"仁者爱人"，即是说一个人友善的动力源于内心的仁爱，只有一个具有仁爱之心的人，才会对人友善，把这种爱传递给他人与社会，中国儒家文化由此才会强调个人内在修养的重要性。第二，与人友善的前提是要做到"将心比心"，孔子说的"己所不欲，勿施于人"与孟子强调的"老吾老以及人之老，幼吾幼以及人之幼"，都是要求人们只有将心比心、换位思考，才能真正理解他人，从而减少人际关系上的误解与分歧，实现人与人之间的理解与友善。我们看到，在中华优秀传统文化中，友善首先是一种个人品德，是一切道德修养的起点；友善其次是作为一种重要的道德规范，来维系人类社会的道德秩序。

友善在中华优秀传统文化中具有非常重要的地位。首先，友善是治国良策。孔子将友善作为治国之策，"子为政，焉用杀，子欲善而民善矣"，以友善为标准，可以化解各种社会矛盾。孟子主张以"仁政"治国，即强调君主要对人民"友善"。孟子告诉梁惠王，"如施仁政于民，省刑罚，薄税敛"，努力搞好生产，"深耕易耨"，让青壮年"以暇日修其孝悌忠信"，他们就能用木棒抗击秦、楚的坚甲利兵，这就是"仁者无敌"。在此基础上，孟子强调"得道多助，失道寡助"，认为个人和国家只有坚持正义、友善和仁义，才能得到多数人的支持帮助；违背道义、友善和仁义，则必然陷于孤立。刘向说："畜之以道，则民和；养之以德，则民合。和合故能谐，谐故能辑，谐辑以悉，莫之能伤"，

使命与担当：爱国、敬业、诚信、友善

就是说，有了和睦、团结，行动就能协调，进而就能达到步调一致。协调和一致都实现了，便无往而不胜。老子说，"上善若水。水善利万物而不争，处众人之所恶，故几于道"。这里的"道"指友善之道，就是在处理与他人的关系时要谦虚谨慎，不争名夺利，尊重别人的意见。做到"夫唯不争，故无尤"，才能有效地缓解人与人、人与社会的各种因利益而引发的社会矛盾。其次，友善是做人的最高标准。与人为善作为中华民族的传统美德，是为人处世的重要准则。与人为善，包含着丰富的内涵。《孟子·公孙丑上》说："取诸人以为善，是与人为善者也。故君子莫大乎与人为善。"其意思是，君子最高的德行就是同别人一道行善。孟子因此指出："仁者爱人，有礼者敬人。爱人者，人恒爱之；敬人者，人恒敬之。"老子则认为一个合乎道的人，应该"居善地，心善渊，与善仁，言善信，正善治，事善能，动善时"。最后，友善是教育的最高境界。孔子将友善作为教师的标准："三人行，必有我师焉；择其善者而从之，其不善者而改之。"孟子说，"善教得民心"，因而以教化作为仁政的手段。他指出："人之有道也，饱食、暖衣、逸居而无教，则近于禽兽。圣人有忧之，使契为司徒，教以人伦：父子有亲，君臣有义，夫妇有别，长幼有序，朋友有信。"孟子的教育理想是："亲亲而仁民，仁民而爱物"，即由亲爱亲人的和谐进至仁爱民众的和谐，再由此进至爱惜万物的人与自然界的和谐，从而进入天人合一的友善之境。《大学》则提出"大学之道，在明明德，在亲民，在止于至善"的教育理念。

在中国传统的友善文化中，一个人是否做到友善，关系社会成员之

第一章　个人层面社会主义核心价值观的内涵

间是否融洽，关系整个社会是否和谐，关系做人的底线。我们今天倡导友善文化，就是要继承和发扬中国传统友善文化中通过认识自己、关爱理解他人、包容他人、克己立人来实现社会和谐的核心理念，从而增强我们的文化自信、价值观自信，提升民族文化软实力。因此，传统文化中的友善资源可以为社会主义核心价值观在新时代的弘扬，提供丰富的历史滋养。也正因如此，习近平总书记强调："培育和弘扬社会主义核心价值观必须立足中华优秀传统文化。牢固的核心价值观，都有其固有的根本。抛弃传统、丢掉根本，就等于割断了自己的精神命脉。博大精深的中华优秀传统文化是我们在世界文化激荡中站稳脚跟的根基。"[1]

同样，西方文化也非常重视友善这一价值。在古希腊，任何两个人在共同体中所发生的任何实际的相互交往都被看作友爱的关系，也就是说，友爱是把两个人相互吸引到一起的那种关系。因此，友爱在古希腊被视为维系社会秩序的重要纽带。古希腊自然哲学家恩培多克勒认为，世界万物从日月星辰到人的四肢身骸都是水、火、气、土四种元素在"爱"与"恨"两种力量作用下的结果，其中，"爱"是一种结合的力，"恨"则是一种分离的力。亚里士多德则进一步把友爱看作维系城邦存在的基本因素，他指出，友爱把城邦联系起来，与公正相比，立法者更重视友爱。实际上，古希腊哲学中，友爱就意味着与朋友共同生活，从事共同的活动。也就是说，共同生活属于友爱自身，它就像友爱的承载体一样。亚里士多德认为，没有什么比寻求共同的生活更能标志友爱的了。显然，在古希腊，友爱的目的就是消除人们彼此之间的仇恨与对

---

[1] 习近平. 习近平谈治国理政. 北京：外文出版社，2014：163-164.

立，从而增强共同体的团结。在此基础上，亚里士多德把友爱分为善的友爱、有用的友爱和快乐的友爱三种，并倡导人们追求"善的友爱"，因为他认为只有善的友爱才是稳定、持久和值得人们追求的。

总之，无论是中国传统文化还是西方文化，都将友善看作人与人相互联系的纽带。从根本上说，友善的最终目的是实现社会和谐而让人们能够实现共同生活和共同发展。正如习近平总书记所指出的："中华民族历来是爱好和平的民族。中华文化崇尚和谐，中国'和'文化源远流长，蕴涵着天人合一的宇宙观、协和万邦的国际观、和而不同的社会观、人心和善的道德观。在5 000多年的文明发展中，中华民族一直追求和传承着和平、和睦、和谐的坚定理念。以和为贵，与人为善，己所不欲、勿施于人等理念在中国代代相传，深深植根于中国人的精神中，深深体现在中国人的行为上。"[1]

二、"和而不同"是友善的基础

友善虽然强调人际和谐，但这并不意味着我们只与意见相同者和谐相处，而排斥打压意见相左者，真正的友善必须建立在"君子和而不同"的基础之上。《礼记·中庸》说"万物并育而不相害，道并行而不相悖"，意思是说世间的万事万物虽然各不相同，但它们之间并不是相互对立、相互为害的关系，而是各行其道、互不相悖的，可以通过兼收并蓄的方式促进彼此的生长，形成长期稳定的合作关系。"和而不同"

---

[1] 习近平. 在中国国际友好大会暨中国人民对外友好协会成立60周年纪念活动上的讲话. 人民日报，2014－05－16.

的关键在于"求同存异",《礼记·乐记》中提到"乐者为同,礼者为异。同则相亲,异则相敬",提出了以"礼"作为求同存异的基本原则。与人友善相处要做到,观点相同则相亲相爱,观点相异则尊重彼此间的差异。因此,能够尊重并接纳别人与自己不同的方面,也是一种友善的表现。《黄帝内经·素问·阴阳应象大论篇》中的"智者察同,愚者察异",意指有智慧的人能够容纳别人的相异之处从而与别人友善相处,而没有智慧的人则不能接纳别人与自己的不同之处,从而不可避免地会与他人发生矛盾和摩擦,这实际上是一种缺乏智慧的待人方式。

友善要求我们与人和睦相处,并不意味着无原则地迁就他人或为了获得某种利益而趋炎附势。《论语·述而》中的"三人行,必有我师焉。择其善者而从之,其不善者而改之",意思是指与人相处,我们一定要努力学习别人的优点,别人有的缺点而我们也有,这样的缺点,则要努力改正它,而不是盲目地去附和别人。《国语·郑语》中周太史史伯提出"和实生物,同则不继",是说如果万物间实现了和谐,则万物就可以生长发育,但是,如果把"和"理解为"同",即世界万物都是相同的,万物则无法继续生长发展。因此,与人友善相处意味着一种和谐的人际关系,但这种和谐绝不意味着我们要追求与别人各方面的完全一致,而是要保持各自的差异与不同,不能为了"求同"而无原则地迁就他人的错误观点和错误行为。

现代社会人们无论在爱好、个性、利益、兴趣等方面都有着许许多多的差异,在对同一问题的理解上也有着各自的见解与想法。一个真正友善的人在对待具体问题时不应当迎合别人的心理、附和他人的言论,

使命与担当：爱国、敬业、诚信、友善

而要敢于坚持真理、坚持原则，和善且公正地表达自己的观点，不暗地里搞小动作，做到"君子坦荡荡"，这才是友善的本义。实际上，我们在日常的生活中，对某一问题持有不同的观点和看法，这本身是非常正常的。我们应该通过交换意见、沟通思想以达成对问题的共识；即便存在分歧也不能因此而伤了和气，可以在保留差异的基础上尽可能达成某种程度的共识。因此，真正的友善并不意味着在所有问题上都与他人保持观点的一致，相反，容忍对方的不同看法，也不隐瞒自己的独立见解而刻意迎合对方，这就真正做到了友善。但是，在现实生活中却有这样一些人，他们不敢公正坦率地表达自己的观点，表面上随声附和，私下里却互相拆台，那就是中国古人所说的"同而不和"的"小人"了。这种人凡事不讲原则，甚至为了满足个人私利而曲意迎合上级，凡是领导的观点，即便是错的也要无原则地加以支持，凡是与领导想法相左的观点，不论对错一概加以否定。这种做法表面上是与人为善，实际上却是对他人和社会的不友善，因为这种做法不仅不利于社会和谐，甚至会造成国家和社会的动乱。

在中国传统文化中，友善在本源意义上是用来处理人与人之间关系的一个伦理范畴，但友善在很多时候也被运用到处理团体之间、民族之间甚至国家之间的关系上。古人一般用"和"来描述团体之间的和谐关系，但这仍然没有脱离友善的概念范畴，只不过维护的是"大写的人"之间的友善关系。习近平总书记曾经这样谈论"和"："中华文明历来崇尚'以和邦国'、'和而不同'、'以和为贵'。中国《孙子兵法》是一部著名兵书，但其第一句话就讲：'兵者，国之大事，死生之地，存亡之道，不可不察也'，其要义是慎战、不战。几千年来，和平融入了中华民族的血脉中，刻进了中国人民的基因里。"① 全球化时代，人类共同生活在同一个地球村里，任何一个国家都不可能脱离世界经济体系而独立发展，国与国之间已经成为一个人类命运共同体，友善、合作、共赢已经成为时代潮流而不可逆转，国际交流必须建立在以"和而不同"为根基的多边主义基础之上。多边主义尊重各国之间的文化差异，反对以邻为壑、把差异视作对抗的单边主义。因此，在全球化的历史潮流中，主张友善、"以和为贵"的多边主义必将战胜单边主义。我们可以预见，在多边主义原则的指引下，世界各国人民必将团结一致，共同面对和应付人类的各种挑战，促进全球共同繁荣发展。2021年10月30日，习近平主席在二十国集团领导人第十六次峰会第一阶段会议上讲话时呼吁："为了人类未来、人民福祉，坚持开放包容、合作共赢，践行真正的多边主义，推动构建人类命运共同体。"②

三、友善是一种平等关系

友善作为人们之间的一种友好关系，不是一种等级关系，而是一种平等关系，也就是说友善是发生在平等公民之间的一种关系。现代社会的主要标志就是人与人之间的政治差别已经不复存在，无论地位高低、财富多寡，每一个人都是社会的平等成员，都是公民。因此，在现代社会，友善就是发生在公民之间的一种平等的友好关系，而非传统社会的

---

① 习近平. 习近平谈治国理政：第2卷. 北京：外文出版社，2017：545.
② 习近平. 习近平谈治国理政：第4卷. 北京：外文出版社，2022：478.

使命与担当：爱国、敬业、诚信、友善

人身依附关系或支配恩赐关系。一个人如果对富贵之人阿谀奉承、刻意巴结，对贫贱之人冷眼相对、拒绝来往，这实质上是缺乏公民平等意识的表现，这就和友善无缘了。因此要做到友善，首要的前提就是平等待人。

事实上，友善作为一种平等的公民关系，是现代社会市场经济发展的产物。这种平等的公民关系不同于传统的建立在血缘乡土关系基础之上的亲情关系、邻里关系、朋友关系等，因为后者实质上是发生在"熟人"之间的关系，而公民关系则是一种陌生人之间的关系。与传统的"熟人社会"不同，现代社会实际上是一个陌生人社会。陌生人社会是市场经济的产物，随着社会分工的高度发展和社会经济规模的不断扩大，人员流动性逐渐增强，大家在社会交往中所面对的不再是传统的熟人圈，而是置身于一个由陌生人组成的社会之中。陌生人社会一方面增进了人际交往的范围和机会，同时也造成了人与人之间的关系淡薄以及不信任现象的增加，因而现代社会更需要友善。需要说明的是，中国古人实际上也倡导过陌生人之间的友善相处，例如古人有"海内存知己，天涯若比邻"，"四海之内皆兄弟"等说法，并且将"推己及人"作为人际交往的基本原则。所谓"推己及人"，就是把别人也看作自己的同类，承认他人也有和自己一样的思想、要求，从而能够在自己的言行践履当中想到他人、尊重他人，进而"己欲立而立人，己欲达而达人"。但这仅仅是古人对陌生人之间友善相处的一种社会理想，并不带有普适性，因为古代社会本质上是一种"熟人社会"，陌生人之间的交往并不具有普遍性。在市场经济条件下，人与人之间的不友善现象会随着市场经济

第一章 个人层面社会主义核心价值观的内涵

的充分发展而减少。因为市场经济本身是一种平等经济，在市场经济中，商品交换必须建立在平等交换的基础之上，否则就不可能达到共赢。因此，市场经济实际上会造就各行为主体之间的平等关系，从而也就为人们的友善交往奠定了现实基础。我们相信，随着社会主义市场经济的不断发展和完善，建立在平等主体之间的友善必然会发扬光大，它就像阳光一样，不论英俊丑陋，不分贫富贵贱，总是将温暖播撒在每一个人身上，给人以无私的关爱。

当然，友善不仅仅意味着单方面的付出，它在本质上应是互动的和互利的。长期以来，人们倾向于将友善理解为"毫不利己、专门利人"，把友善理解为单向度的施予行为，从而忽略了友善的"互动性"和"互利性"。在一个充满友善和关爱的社会中，每一个个体既是友善的施予者，又是友善的受益者。实际上，社会在本质上就是要通过社会成员间的互助互爱而实现人与人之间的互利。反过来说，在一个不友善的社会中，每一个人事实上也是不友善行为的受害者。也就是说，在友善面前人人都是受益者，在不友善面前人人都是受害者。我们每一个人都有困难的时候，在一个友善的社会中，"众人拾柴火焰高"，任何个人的困难在大家的共同帮助下都会迎刃而解。我国社会主义市场经济的重要特征之一就是"互利性"，社会分工的发展必然会使社会成员之间产生特定的社会依赖性，任何个体都不可能脱离他人和社会而单独存在，因此友善价值观显得尤为重要。

我们不仅要平等友善待人，而且还要按照生态文明的要求，平等友善地对待自然。人类所处的世界是一个由完整的"生物链"构成的相对

使命与担当：爱国、敬业、诚信、友善

平衡的生态系统，任何一种动物、植物和微生物包括人都因为相互提供食物而形成一种相互依存的链条关系。站在自然生态系统的立场，人和生物链的其他成员之间就是一种平等的关系，如果人类不能维护这种生态系统，最终受害的只能是人类自身。因此，平等地对待自然，也是友善的基本要求。令人遗憾的是，近代以来，随着人类社会征服自然、改造自然的力度不断加大，生态环境也日益遭到严重破坏，化肥农药的滥用、全球气候变暖等问题正引起全球的关注，日益恶劣的环境已经威胁到人类的生存和发展。正如一首诗中所写的那样：那灰色的天空是一张欲坠的网，晶莹的露珠是云儿的童话，美丽的羽毛是蓝天的梦想，高耸的天线和层叠的脚手架是城市撑开的大手，婉转的鸣唱已锈去……这一切，触目惊心！因此，我们不能做自然的独裁者，必须向善待人类自身一样善待自然，只有这样，我们才能保护好地球这个共同的家园。

第二章

个人层面社会主义核心价值观的价值定位

"爱国、敬业、诚信、友善"作为个人优良的道德品质,是对中华优秀传统文化的继承和发扬,也是新时代对个人道德价值取向的基本要求。其基本宗旨在于引导人们构建人与人、人与社会、人与自然的和谐关系,以使个人更好地在社会中立身做人。因此,个人层面社会主义核心价值观在最原初的意义上是个人价值和社会价值相统一的结合点,它既承载了中国梦的理想愿景,也体现了个人对安身立命的价值追求。

第一节

爱国——个人存身立命之本

我国历史源远流长,出现过许多杰出的爱国主义者,例如屈原、岳飞、辛弃疾、文天祥、王夫之、郑成功、林则徐等,他们为国为民舍生忘死,谱写了一幕又一幕可歌可泣的英雄事迹。范仲淹的"先天下之忧而忧,后天下之乐而乐",陆游的"王师北定中原日,家祭无忘告乃翁""位卑未敢忘忧国""夜阑卧听风吹雨,铁马冰河入梦来",文天祥的"人生自古谁无死,留取丹心照汗青",林则徐的"苟利国家生死以,岂因祸福避趋之",岳飞的《满江红》,方志敏的《可爱的中国》等,都是以全部热情为国放歌抒怀。无数仁人志士之所以为国家抛头颅、洒热血,是因为他们具有"天下兴亡,匹夫有责"的意识,深刻懂得个人命

使命与担当：爱国、敬业、诚信、友善

运与国家命运休戚与共。正如习近平总书记在 2014 年 10 月 15 日举行的文艺工作座谈会上所指出的："在社会主义核心价值观中，最深层、最根本、最永恒的是爱国主义。爱国主义是常写常新的主题。"① 爱国主义作为一种意识形态和道德规范是人类在历史长河中逐渐形成和发展起来的对自己祖国的深厚感情，是民族的凝聚力和向心力，是推动历史前进的一种巨大的精神力量。对每一个中国人来说，爱国是本分，也是职责，是心之所系、情之所归。爱国，不能停留在口号上，而是要把自己的理想同祖国的前途、把自己的人生同民族的命运紧密联系在一起，扎根人民，奉献国家。

一、爱国是个人生存之基

人们常说："家是最小国，国是千万家。"爱国绝对不是一句空洞的口号，它反映了一个最基本的事实，即个人和国家之间是须臾不可分离的关系：没有国家，就没有个人，国家是个人安身立命之本。古希腊哲学家亚里士多德曾经明确强调过个人对国家或城邦的依附性："凡隔离而自外于城邦的人……他如果不是一只野兽，那就是一位神祇。"② 也就是说，在亚里士多德那里，一个脱离国家或城邦的人根本不能配称为"人"。也是在大致相同的意义上，马克思反对把人看作脱离社会、国家的抽象存在，而强调人的社会性。马克思指出："人不是抽象的蛰居于世界之外的存在物。人就是人的世界，就是国家，社会。"③ 近代德国

---

① 习近平.在文艺工作座谈会上的讲话.北京：人民出版社，2015：24.
② 亚里士多德.政治学.北京：商务印书馆，1965：9.
③ 马克思，恩格斯.马克思恩格斯选集：第1卷.3版.北京：人民出版社，2012：1.

第二章 个人层面社会主义核心价值观的价值定位

哲学家黑格尔也是在此意义上界定国家与个人的关系，在黑格尔看来，在家庭和市民社会中个人都不可能获得真正的自由，因为家庭的整体主义会压制个人的个性，市民社会中个人只有任性而没有自由，只有在国家中才能真正实现个人的自由。因此，在黑格尔那里，国家是个人自由的前提和保证。在《关于费尔巴哈的提纲》中，马克思更是明确指出："人的本质不是单个人所固有的抽象物，在其现实性上，它是一切社会关系的总和。"[①] 在马克思看来，人的本质不是个体自我可以说明的东西，而是要依赖社会及其关系的确证，也就是说，人的本质在其根本上并不是个体性质的，而是依附于国家和社会的。事实上，马克思无论指明"人就是人的世界，就是国家，社会"，还是强调人的本质"是一切社会关系的总和"，都是在昭示个人必然的社会化存在方式，"首先应当避免重新把'社会'当做抽象的东西同个体对立起来。个体是社会存在物。"[②] 马克思关于个体是社会存在物的论断，从根本上扭转了近代西方哲学对个体的单子式理解的错误倾向，重新赋予了个人社会化生存的内涵。我们知道，马克思生活的时代是一个抽象人性论滥觞的时代，个人在传统哲学家那里被抽掉了物质生产活动和社会实践的现实内核而成为"孤立的个人"。但在马克思看来，无论是费尔巴哈的"人本身"，还是施蒂纳的"唯一者"，以及18世纪思想家们所设想的鲁滨孙式的"单个的孤立的猎人和渔夫"，他们在本质上都是社会化的人类，因为"产生这种孤立个人的观点的时代，正是具有迄今为止最发达的社会关系

[①] 马克思，恩格斯. 马克思恩格斯选集：第1卷.3版. 北京：人民出版社，2012：135.
[②] 马克思，恩格斯. 马克思恩格斯文集：第1卷. 北京：人民出版社，2009：188.

使命与担当：爱国、敬业、诚信、友善

（从这种观点看来是一般关系）的时代。人是最名副其实的政治动物，不仅是一种合群的动物，而且是只有在社会中才能独立的动物"[1]。

个人对国家和社会的依附性还体现在个人利益及其需要的满足也不离开国家和社会。柏拉图认为，国家产生于个人生存的需要，即"之所以要建立一个城邦，是因为我们每一个人不能单靠自己达到自足"[2]。亚里士多德指出："每一个隔离的个人都不足以自给其生活，必须共同集合于城邦这个整体［才能大家满足其需要］。"[3] 即使在亚里士多德生活的古希腊时代，人们为了生存所进行的生产，虽然有时在表面上是个人的生产，但实际上却是一种社会化生产。"以一定的方式进行生产活动的一定的个人，发生一定的社会关系和政治关系。"[4] 并且"只有在这些社会联系和社会关系的范围内，才会有他们对自然界的影响，才会有生产"[5]。因此，"孤立的一个人在社会之外进行生产——这是罕见的事"[6]。人类社会进入资本主义时代以来，社会化大生产已经成为人类维持生存和发展的根本劳动方式，没有任何人可以脱离国家和社会而得以生存和发展。更重要的是，个人的社会化生存方式决定了个人利益和国家、社会的利益从根本上讲是一致的。恩格斯指出："没有共同的利益，也就不会有统一的目的，更谈不上统一的行动。"[7] 人们为了生存和发展需要满足其个人利益，但个人利益的实现必须通过国家和社会这

---

[1] 马克思，恩格斯．马克思恩格斯选集：第2卷．3版．北京：人民出版社，2012：684.
[2] 柏拉图．理想国．北京：商务印书馆，1986：55.
[3] 亚里士多德．政治学．北京：商务印书馆，1965：9.
[4] 马克思，恩格斯．马克思恩格斯选集：第1卷．3版．北京：人民出版社，2012：151.
[5] 同[4]340.
[6] 同[1]684.
[7] 同[4]573.

第二章 个人层面社会主义核心价值观的价值定位

个中介才有现实可能性。"只有在共同体中,个人才能获得全面发展其才能的手段,也就是说,只有在共同体中才可能有个人自由。"① 在这里,马克思强调个人利益及其需要的满足必须在一定的社会共同体中才能得以生成和实现,而现阶段共同体的表现形式就是"国家",因此,爱国就绝不是空洞的说教,宣扬爱国主义的目的,就是要使每个人都意识到自己的利益与国家、民族、集体的利益紧密联系在一起,国家的命运和未来就是每个人的命运和未来,正如毛泽东在1948年《对晋绥日报编辑人员的谈话》中所说的那样:"马克思列宁主义的基本原则,就是要使群众认识自己的利益,并且团结起来,为自己的利益而奋斗。"② 在马克思经典作家那里,个人利益和国家利益在本质上是一致的。由此我们就可以深刻领会习近平总书记"把自己的人生同民族的命运紧密联系在一起"这一论断的逻辑内涵。

国家是个人生存的根本保障,个人命运与国家命运是紧密相连的。在和平盛世,人们可能无法深刻体会到国家之于个人生存与发展的决定性作用,但在国家动荡特别是受外敌入侵时,每个人的生存都会受到威胁,人们才会体会到国家强大对个人的重要性。落后必然挨打,近代中国积贫积弱,外敌入侵,生灵涂炭。新中国成立以后,随着国力的逐渐强盛,人民重拾幸福与尊严。国强则民无忧,习近平总书记指出:"历史告诉我们,每个人的前途命运都与国家和民族的前途命运紧密相连。国家好,民族好,大家才会好。"③ 这就可以理解新中国成立之初,大

---

① 马克思,恩格斯.马克思恩格斯选集:第1卷.3版.北京:人民出版社,2012:199.
② 毛泽东.毛泽东选集:第4卷.2版.北京:人民出版社,1991:1318.
③ 习近平.习近平谈治国理政.北京:外文出版社,2014:36.

使命与担当：爱国、敬业、诚信、友善

批华人科学家为什么会放弃国外优越的条件，突破千难万险回到祖国。正如巴金先生所说："我爱我的祖国，爱我的人民，离开了她，离开了他们，我就无法生存。"一个强大的祖国是每个人生存发展的必要条件，惊心动魄的 2015 年也门撤侨事件，是中国政府首次为撤离处于危险地区的中国公民所采取的专门行动，行动的成功使每一个中国人体会到"背后有一个强大的祖国"的自豪感，并充分证明了一个强大的祖国对个人生存与发展的重要作用。

新中国成立以后，中国共产党一直把消除贫困和实现富裕作为党和政府的首要大事。特别是改革开放以来，邓小平一再强调"贫穷不是社会主义"。他认为："社会主义的本质，是解放生产力，发展生产力，消灭剥削，消除两极分化，最终达到共同富裕。""社会主义的特点不是穷，而是富，但这种富是人民共同富裕。"通过国家和政府来解决全体人民的生存和发展问题，既是中国共产党人的首创，也是对马克思主义理论的重大发展。党的十八大以来，党中央把脱贫攻坚摆在治国理政的突出位置，把脱贫攻坚作为全面建成小康社会的底线任务，组织开展了声势浩大的脱贫攻坚人民战争。党和人民披荆斩棘、栉风沐雨，发扬钉钉子精神，敢于啃硬骨头，攻克了一个又一个贫中之贫、坚中之坚，脱贫攻坚取得了重大历史性成就。在中国共产党成立 100 周年之际，终于实现了农村贫困人口全部脱贫，在中国大地上实现了小康社会，创造了又一个彪炳史册的人间奇迹。中国社会主义建设的实践再一次证明，只有祖国强大，人民才会幸福安康。正如习近平总书记所强调的："新时代中国青年要热爱伟大祖国。孙中山先生说，做人最大的事情，'就是要知道怎么样爱国'。一个人不爱国，甚至欺骗祖国、背叛祖国，那在自己的国家、在世界上都是很丢脸的，也是没有立足之地的。对每一个中国人来说，爱国是本分，也是职责，是心之所系、情之所归。对新时代中国青年来说，热爱祖国是立身之本、成才之基。"①

二、爱国是个人立德之本

在马克思主义经典作家那里，个人不是"抽象的个人"，而是"现实的个人"，也就是说，个人必须生活在一定的社会形式之中才能获得生存与发展，即便是在马克思、恩格斯所设想的未来理想社会形态"自由人的联合体"那里，个人也不可能脱离社会而获得自由，即"每个人的自由发展是一切人的自由发展的条件"。因此，个人作为社会存在物，为了维持自身的生存必须结成一定的社会共同体。这样一来，国家作为一种建立在个人联合体基础之上的社会组织形式，在原初意义上就具有了维护个人生存和发展的内涵。这就是古今中外人们倡导爱国价值观的根本原因所在。因此，我们维护祖国主权和领土完整，捍卫祖国尊严和利益，实质上就是维护我们自身的尊严、生存和利益。自古以来，人们都把爱国当作个体道德的最高标准和要求，把爱国看作个人立德立身之本。《左传》曾提出了个人立身的最高标准，即"立德、立功、立言"，并称"此之谓不朽"。其中，立德处于最核心的位置。中国人重视道德修养，所谓"人无德不立，业无德不兴，国无德不威"，就是对道德重要性的深刻表达。在中国传统文化中，"家国同构"的观念深入人心，

---

① 习近平. 在纪念五四运动100周年大会上的讲话. 北京：人民出版社，2019：7.

使命与担当：爱国、敬业、诚信、友善 ● ● ●

无数仁人志士以"爱国"为最高道德要求，为了国家抛头颅、洒热血。"天下兴亡，匹夫有责"，成为每一个中华儿女心中永远的情结。唐代诗人李白的"国耻未雪，何由成名"，就是对国家是个人立德之本的生动表达。在西方古代文化之中也是如此，古希腊哲学家柏拉图在探讨城邦正义和个人正义问题时，就把城邦正义放在首要的位置，强调只有先探讨城邦的正义是什么，然后才有可能去考察个人的正义，并称之为"由大见小"[①]。在柏拉图那里，城邦本身与个体是同质同构的统一体，城邦是个人自然的扩大和延伸，城邦和个体一样也是有"生命"的，城邦正义和个人正义之间没有质的区别，只有量的区别。事实正是如此，古希腊人"把城邦视为一个有机整体，自己是其中的一个组成部分。他的财产、家庭、利益、价值、荣誉、希望，他整个的生活，肉体的生命与精神的生命，甚至死后的魂灵都属于城邦，系之于城邦。在城邦中，有他的一切，失去城邦，便失去一切……"[②] 因此，一个人之所以要加入城邦或国家，不仅是为了个人的生存，更重要的是要在城邦或国家中实现自己真正的德性，因为城邦或国家的价值是先于个人价值的，个人的德性必须在城邦或国家的整体价值中实现。这也在某种意义上促使了古希腊人"城邦情结"的生成。在古希腊，自我德性与价值的实现最主要地体现在参与城邦政治生活，古希腊人"身体与精神同为国家服务"[③]，并视那些漠视城邦且不关心公共事务的人为异类。

爱国作为一种人们对于国家的自发的道德情感，是个人一切道德的

[①] 柏拉图. 理想国. 北京：商务印书馆，1986：58.
[②] 丛日云. 西方政治文化传统. 大连：大连出版社，1996：169.
[③] 狄金森. 希腊的生活观. 上海：华东师范大学出版社，2005：56.

第二章 个人层面社会主义核心价值观的价值定位

发源地,正如拿破仑所说的:"人类最高的道德标准是什么?那就是爱国心。"苏霍姆林斯基也在同一意义上强调:"一个真正热爱祖国的人,在各个方面都是一个真正的人。"马克思主义认为:"意识一开始就是社会的产物,而且只要人们存在着,它就仍然是这种产物。"① 道德作为一种社会意识,是人们对他们生存于其中的社会生活和社会关系的反映。道德既然根源于社会存在,那么人们对于城邦或国家的爱就必然是一切道德的根源所在。习近平总书记在2018年北京大学师生座谈会上说:"爱国,是人世间最深层、最持久的情感,是一个人立德之源、立功之本。"② 在新时代公民道德建设中,爱国对每个人来讲是首要的道德要求,是一个人的立德之本。一个人要想修成完美的道德品行,必须把爱国作为道德修养的源头。爱国是中华民族道德理想的灵魂,古往今来,凡能道德立身而德被后世者,无不怀揣着一颗赤诚的爱国之心;爱国也同样赋予他们取之不尽、用之不竭的心灵养料。翻开中华民族五千年的文明史册,每一页都闪烁着爱国主义的灿烂光辉。中华民族的爱国志士,不畏强权霸权压迫,不受名利诱惑,为了民族独立,为了国家繁荣昌盛,为了人民幸福,谱写了一曲曲响彻云霄的爱国主义壮歌。爱国主义是一个民族强大的精神支柱,是推动中华民族前进的强大精神力量,也是个人立德的根本要求。革命先驱孙中山先生强调做人最大的事情,"就是要知道怎么样爱国"。习近平总书记指出:"我们常讲,做人要有气节、要有人格。气节也好,人格也好,爱国是第一位的。我们是

---

① 马克思,恩格斯. 马克思恩格斯选集:第1卷. 3版. 北京:人民出版社,2012:161.
② 习近平. 在北京大学师生座谈会上的讲话. 北京:人民出版社,2018:11.

使命与担当：爱国、敬业、诚信、友善

中华儿女，要了解中华民族历史，秉承中华文化基因，有民族自豪感和文化自信心。要时时想到国家，处处想到人民，做到'利于国者爱之，害于国者恶之'。"①

所以，爱国主义历来就被视为最基本的道德要求。一个热爱祖国、报效祖国、为国家和民族的富强英勇献身的爱国者一定是一个道德高尚的人；相反，卖国、辱国、祸国、叛国则是为世人所鄙弃的丑恶行径。《中华人民共和国宪法》把"爱祖国、爱人民、爱劳动、爱科学、爱社会主义"作为我们应当提倡的公德，其中"爱祖国"居于首位。2001年党中央颁布《公民道德建设实施纲要》，把"爱祖国"放在公民道德建设基本要求的首位，强调"要引导人们发扬爱国主义精神，提高民族自尊心、自信心和自豪感，以热爱祖国、报效人民为最大光荣，以损害祖国利益、民族尊严为最大耻辱"。2019年10月27日，中共中央、国务院印发《新时代公民道德建设实施纲要》，强调"弘扬民族精神和时代精神。以爱国主义为核心的民族精神和以改革创新为核心的时代精神，是中华民族生生不息、发展壮大的坚实精神支撑和强大道德力量"②。把爱国主义作为新时代公民道德建设的核心，是对中华民族优秀爱国历史传统的总结和升华。

三、爱国是个人建功立业之本

人们在探讨东西方价值观差异的时候，首先想到的是东方文化的集

---

① 习近平．在北京大学师生座谈会上的讲话．北京：人民出版社，2018：11-12.
② 新时代公民道德建设实施纲要．北京：人民出版社，2019：8.

第二章　个人层面社会主义核心价值观的价值定位

体主义和西方文化的个人主义之间的对立。西方文化崇尚个人主义，把个人从国家和集体中分离出来，把个人的成功归结为个人的拼搏与努力，因此西方文化倡导个人独立、自我拯救和个人奋斗。东方文化重视集体主义，把个人看作集体的组成部分，认为个人取得事业成功的前提在于国家、社会和集体的力量支撑。马克思主义认为"个人直接是社会存在物"，一直反对把个人与社会割裂开来的做法，强调个人与社会的一致性。在马克思看来，国家"是人和人的自由之间的中介者"[①]，并且人必须通过"国家这个中介得到解放"[②]。在《法兰西内战》中，马克思就把"拯救法国"工人阶级的政府当作"拯救民族"[③] 的必要条件。因此，在马克思主义那里，爱国是个人解放和个人自由的必要条件。换言之，一个人要想取得成功，必须把热爱自己的祖国当作根本前提。爱国是个人建功立业之本，一个人只有胸怀祖国和人民，才有可能建立伟大的功勋和业绩。正如古巴诗人何塞·马蒂所说："一个人只有把自己的事业和祖国的事业联系起来才能有所进步，才能有所作为。"近代以来，在祖国被外强蹂躏，山河破碎，国土沦丧，中华民族遭受沉重灾难的危急时刻，无数爱国之士把拯救国家和民族当作自己的毕生事业。"我以我血荐轩辕"是鲁迅先生发出的献身祖国的铮铮誓言，鲁迅先生年轻时在日本学医，为了唤醒国民，报效祖国，选择弃医从文；作为中国杂交水稻之父的袁隆平，把"不爱国就不能成为科学家"当作他人生的座右铭，从不计较个人得失，时刻把国家和人民的利益作为自己

[①] 马克思，恩格斯. 马克思恩格斯文集：第1卷. 北京：人民出版社，2009：29.
[②] 同①28.
[③] 马克思，恩格斯. 马克思恩格斯选集：第3卷.3版. 北京：人民出版社，2012：155.

使命与担当：爱国、敬业、诚信、友善

的奋斗目标，为祖国粮食安全做出了杰出贡献，也成就了自己不朽的光辉伟业；著名科学家钱伟长的名言"国家的需要就是我的专业"至今仍激励着千千万万学子把报效祖国作为自己的奋斗目标；中国航天之父钱学森说，"我的事业在中国，我的成就在中国，我的归宿在中国"，"我将竭尽努力，和中国人民一起建设自己的国家，使我的同胞能过上有尊严的幸福生活"，在爱国之情的激励之下，钱学森在祖国最需要的时候，克服艰辛毅然回国，把自己的毕生精力都奉献给了祖国的航天事业，也成就了自己"航天之父"的美誉。

当前，中国特色社会主义进入新时代，我们也比历史上任何时期都更接近实现中华民族伟大复兴的宏伟目标。同样，建设科技强国、质量强国、航天强国、网络强国、交通强国、数字强国等宏伟目标，也为每一个中国人提供了前所未有的为国家、为人民、为民族建功立业的宽广舞台。爱国建功，生逢其时。我们是社会主义国家，祖国的命运与个人的命运比历史上任何时候都更加紧密联系在一起。在中国共产党的领导下，社会主义中国一直把人民的利益和需求当作自己的历史使命。正如党的二十大报告所指出的，"我国是工人阶级领导的、以工农联盟为基础的人民民主专政的社会主义国家，国家一切权力属于人民"，必须"坚持人民主体地位，充分体现人民意志、保障人民权益、激发人民创造力"[1]。因此，爱国主义作为个人安身立命之本的内涵在社会主义中国得到了彻底实现。

---

[1] 习近平. 高举中国特色社会主义伟大旗帜 为全面建设社会主义现代化国家而团结奋斗. 北京：人民出版社，2022：37.

第二章　个人层面社会主义核心价值观的价值定位

新时代爱国主义充分凸显个人命运与祖国命运的关联，中国共产党始终与人民群众血肉相连，坚持群众观点和群众路线，在制定国家发展战略和方针政策时充分考虑人民群众的利益和需要。新中国自成立以来，扶贫脱贫，努力实现共同富裕一直是中国共产党和政府坚持在做的事情。贫穷不是社会主义，社会主义的本质是共同富裕。在实现共同富裕的道路上，中国共产党和政府绝不会放弃任何一个人。所有中国人通过诚实劳动、合法经营改变自己的生活，变得富裕起来，是中国共产党的理想和追求。

生活在伟大时代的中国人民，共同享有人生出彩的机会，共同享有梦想成真的机会，共同享有同祖国和时代一起成长与进步的机会。有梦想，有机会，有奋斗，一切美好的东西都能够创造出来。习近平总书记指出，"中国梦的本质是国家富强、民族振兴、人民幸福"[1]。实现中国梦，意味着中国的综合国力、国际地位和国际影响力大大提升，意味着中华民族以更加昂扬向上、文明开放的姿态屹立于世界民族之林，意味着中国人民过上更加富裕安康的幸福生活。中国梦把国家的追求、民族的向往、人民的期盼融为一体，体现了中华民族和中国人民的整体利益，表达了每一个中华儿女的共同愿景。"家是最小国，国是千万家。"中国梦是国家情怀、民族情怀、人民情怀相统一的梦，体现了中华民族固有的"家国天下"的情怀。因此，中国梦具有广泛的包容性，能够引起全国各族人民的普遍共鸣。中国梦是国家的梦，归根到底是中国各族人民共同的梦。中国梦体现了我们党高度的历史担当和使命追求，是新

---

[1] 中共中央宣传部．习近平总书记系列重要讲话读本．北京：学习出版社，2014：28．

使命与担当：爱国、敬业、诚信、友善

一届中央领导集体对全体人民的庄严承诺，是党和国家面向未来的政治宣言。党和国家是中国梦的倡导者，而各族人民才是中国梦的拥有者、创造者和享有者。近代以来，中国人民虽饱受屈辱和磨难，但百折不挠、自强不息，心中始终怀揣复兴崛起的梦想，向往自由幸福的未来。中国梦根植于人民，中国梦的实现动力来自人民，中国梦的辉煌成果归于人民。只有使人民"共同享有人生出彩的机会，共同享有梦想成真的机会，共同享有同祖国和时代一起成长与进步的机会"，国家梦、民族梦才有取之不竭的动力源泉，才能最终实现。历史与现实告诉我们，每个人的前途命运与国家和民族的前途命运紧密相连。国家好，民族好，大家才会好。当今时代是放飞梦想的时代，每个人都有自己的美好梦想。从上学就业到住房就医，事业的成功、价值的实现……鲜活生动的个人梦想百川归海汇成中国梦。中国梦的广阔舞台，为个人梦想提供了蓬勃生长的空间，也让每一个中国人深刻领会到个人的命运永远与国家和民族的命运休戚与共。

第二节

敬业——个人立身建业之本

当今社会，敬业既是职业道德的灵魂，也是人们应当遵循的基本价值规范之一。人们常说要干一行爱一行，这就是所谓的敬业精神。敬业作为中华民族的传统美德，并不是一种抽象空洞的道德说教，它植根于个人生存与发展的内在逻辑之中。在人类社会中，每个人都有需要，人的一切活动都是为了满足自己和他人的某种需要。从一般意义上讲，敬业能满足公民个人的生存需要、满足个人的发展需要、满足个人的超越性需要等，其中满足第一个需要是其他需要得以满足的基本前提。

一、敬业是个人安身立命之本

敬业意味着个人热爱自己的本职工作、热爱劳动。自古以来，人们劳动首先是为了个体与种族的生存。马克思认为："劳动这种生命活动、这种生产生活本身对人来说不过是满足一种需要即维持肉体生存的需要的一种手段。"[①] 生存的需要是人类的第一需要，没有了生命，人类的其他需要也就无从谈起。人类为了生存，就必须从事生产劳动，从事一定的职业，来满足自身的物质需要以维持生命的存在。在这个基础之上，才能谈论人生价值、人生发展、人生成就等更高层次的需要。马克思指出："我们首先应当确定一切人类生存的第一个前提，也就是一切历史的第一个前提，这个前提是：人们为了能够'创造历史'，必须能够生活。但是为了生活，首先就需要吃喝住穿以及其他一些东西。因此第一个历史活动就是生产满足这些需要的资料，即生产物质生活本身。"[②] 在《自然辩证法》一书中，恩格斯也从这一意义上提出了"劳

---

① 马克思，恩格斯．马克思恩格斯选集：第1卷．3版．北京：人民出版社，2012：56.
② 同①158.

使命与担当：爱国、敬业、诚信、友善

动创造了人本身"这一科学论断，认为人的本质就是劳动，劳动是人的存在方式，离开劳动，人类就无法维持自身的生存和种族的延续。马克思主义经典作家在谈论劳动的时候，都是首先把劳动和人类的生存联系在一起的。马克思在致路·库格曼的信中这样写道："任何一个民族，如果停止劳动，不用说一年，就是几个星期，也要灭亡，这是每一个小孩子都知道的。"[①] 劳动是一切财富的源泉，人类为了生存，就需要一定的物质生活资料，而为了获取这些物质生活资料，人们就必须进行劳动。

马克思主义认为，人类进入私有制社会以后，由于社会分工的发展，劳动必然就和一定的社会职业联系起来。人们为了获得生存所必需的生活资料，就必须在自己职业的范围内从事劳动。热爱劳动自古以来就是中华民族的优秀传统美德。盘古开天、女娲补天、伏羲画卦、神农尝百草、夸父追日、精卫填海、愚公移山等中国古代神话故事就是中华民族拓荒精神的生动写照。为了生存和发展，中华民族自古就以辛勤劳动为荣，以好逸恶劳为耻。墨家代表人物墨子就非常明确地指出劳动对人类生存的意义，提出了"赖其力者生，不赖其力者不生"的著名论断，墨子本人也非常热爱劳动，身体力行，自己动手做桌椅，把劳动看作人的生存和发展的根本保障。《论语·子张》中讲到子夏说过的一句话："百工居肆以成其事，君子学以致其道。"意指各行各业的工匠即百工，必须要天天在作坊里劳作以完成自己的工作，君子则要通过努力学习才能达到道。劳动既然是个人安身立命之本，所以热爱劳动、热爱本

---

① 马克思, 恩格斯. 马克思恩格斯选集：第4卷.3版. 北京：人民出版社，2012：473.

第二章　个人层面社会主义核心价值观的价值定位

职工作就必然成为中华民族的优秀传统美德。

　　从某种意义上讲，敬业是热爱劳动的同义语。一个敬业的人一定是一个热爱劳动的人。现代社会，拥有一份职业，是公民个人赖以维持自身生存和发展的基本前提。人们必须通过辛勤劳动，才能满足吃、喝、穿、住这样基本的生活需求，然后才能从事政治、哲学、宗教、科学、文化、艺术等活动。千里之行，始于足下，人生伟大的事业和梦想都必须立足于先养活自己，立足于生存。每个人都有自己的梦想，但梦想不是幻想，梦想必须建立在踏实工作、认真劳动的基础之上。正如习近平总书记所指出的："'功崇惟志，业广惟勤。'劳动是财富的源泉，也是幸福的源泉。人世间的美好梦想，只有通过诚实劳动才能实现；发展中的各种难题，只有通过诚实劳动才能破解；生命里的一切辉煌，只有通过诚实劳动才能铸就。"[1]

　　因此，敬业从最根本的意义上讲是为了生存，爱岗敬业、恪尽职守，既是为了他人和社会，更是为了成就公民自己。梁启超先生说："敬业主义，于人生最为必要，又于人生最为有利。"在今天的经济生活中，我们所从事的职业首先是一种谋生的手段，是许多人养家糊口的手段，这也是人最基本的生存需求。大家努力工作，为的是不在竞争中被淘汰，为自己和家庭提供一个生存的可能和空间。也许我们所从事的工作并不是自己所喜欢的，但作为一个负责任的成年人，能够靠自己的辛勤劳动养活自己，这本身就是值得肯定的，这对刚刚走入社会的年轻工作者来说尤其如此。实际上，一个人的人生目标不管有多远大，兢兢业

---

[1] 中共中央宣传部．习近平总书记系列重要讲话读本．北京：学习出版社，2014：34.

使命与担当：爱国、敬业、诚信、友善

业地做好本职工作才是实现人生大志的第一步和最基本的一条。如果没有一颗敬业的心来对待自己的工作，或对自己的职业定位不准确，或好高骛远，总觉得自己目前的岗位是"高射炮打蚊子"，就会敷衍了事，漠不关心，得过且过。长此以往，我们的思想就很难融入工作，我们的行为就很难与工作协调一致，我们的事业就很难得到良好发展，最终的结果可能是被企业、社会淘汰。正是在这种意义上我们说，工作是我们的安身立命之本，"劳动是一切幸福的源泉"[1]。

我们每个人都需要一份工作，需要借助职业平台实现自己的人生价值。通过工作，我们不仅能赚到养家糊口的薪水，还能得到锻炼自己各方面能力的机会。如果没有工作，我们将只能游离于社会之外，事业、前途也将无从谈起。有这样一种说法，不爱岗就要下岗，不敬业就要失业。这句话表明了敬业与个人生存的关联。德国伦理学家包尔生曾经说过，生活在资本主义社会底层的失业群体，都会遭受因为失业或无业所带来的恶劣后果。这些人由于一直没有正当的职业和安定的工作，四处游荡，被迫以乞讨甚至盗窃等非法活动为生，形成了一种"厌恶工作、放荡、酗酒、鲁莽、空虚"的恶习，并且他们不得不将这种恶习传递给后代，人生最终将在"贫民习艺所和监狱中弄得声名狼藉和毫无羞耻为其结果"[2]。在现代社会，下岗就意味着丧失收入来源，无法养家糊口。个人在丧失了基本生存条件的状况下，如果只能依赖社会救济和他人帮助来生活，个人尊严、成就和其他需要就无从谈起。正如习近平总书记

---

[1] 习近平. 习近平重要讲话单行本（2020年合订本）. 北京：人民出版社，2021：216.
[2] 包尔生. 伦理学体系. 北京：中国社会科学出版社，1988：531.

所指出的:"'人生在勤,勤则不匮。'幸福不会从天降,美好生活靠劳动创造。"①

二、敬业是成就个体人生价值的关键

人终其一生,必会经历童年、少年、成年、老年几个阶段,其中成年阶段无疑是最重要的时期,因为这是人们从事职业活动的关键时期。在这个阶段,生命的价值在于职业,职业生涯就是人生命价值的展现。多少名人之所以能够流芳百世,往往是因为他们职业生涯的成功为社会及后人留下了宝贵的物质财富和精神遗产。富兰克林曾说:"我读书多,骑马少,做别人的事多,做自己的事少。最终的时刻终将来临,到时候我但愿能听到这样的话,'他活着对大家有益',而不是'他死时很富有'。""活着对大家有益",这就是工作赋予我们的乐趣,它会使我们的人生价值得到最大限度的升华,让我们从中获取无穷的力量。由此可见,对敬业的人来说,岗位不只是一个平台,更是一种人生使命和价值追求。只有踏踏实实,充分利用自己所在岗位的资源,刻苦钻研,敬业工作,把自己的个人价值充分展示出来,才能获得事业和人生的成功。因此,我们应该将自己的职业活动与自己整个的人生价值联系起来,并自觉认同工作不仅仅是一种谋生手段,更是实现自身人生价值和社会价值的基本途径。也就是说,一个人的人生价值是在为社会做出贡献和对自我价值不断认定的过程中实现的,而这个过程实际上就是我们的职业

---

① 习近平. 在知识分子、劳动模范、青年代表座谈会上的讲话. 北京:人民出版社,2016:7-8.

生涯。

　　人的需要不只局限于物质需要，人还要有更为丰富的精神追求。工作虽然是一种谋生的手段，但是赚钱不是工作的主要目的。现实生活告诉我们，如果要满足自己的生存所需，我们需要工作；如果想要提高自己的竞争力，我们需要工作；如果想让自己的人生过得有意义，我们更需要工作。所以，对于现代人来说，工作在维持生存的同时，更有意义的是促进自身发展，实现人生价值。但是对于不同工种的人来说，工作的意义是不一样的。我们到底从工作中得到了什么呢？是解决温饱，还是实现抱负，抑或其他的感受？曾有一份调查显示：55.06%的受访者表示工作收入只能解决温饱问题；17.26%的受访者表示通过工作收入能帮助实现自己的理想；17.96%的受访者认为工作给自己带来了充实感，让人生变得有意义；仅有9.71%的受访者从工作中获得了成就感，实现了自我价值。奥斯特洛夫斯基说："人生是美好的，就是在你停止生命时，也还能以你创造的一切为人民服务。"是的，企业家有企业家对人生价值的创造，普通员工同样也有普通员工对人生价值的创造，环卫工人也有环卫工人对人生价值的创造，而司机同样也是如此……我们每一个人都创造人生价值，就是再普通的社会工作者也创造着人生价值。所有这一切价值的创造，展现的都是生命的意义，也是每个人的人生价值。人的历史要自己来写，个人的发展同样需要自己来实现，而努力工作就为此提供了一个平台。

　　俗话说，钱财乃身外之物。赚钱不是工作的全部意义，人生的大部分时间都与职场紧密相连，我们的价值因而也与职场密不可分。人生最

第二章　个人层面社会主义核心价值观的价值定位

大的失误是把工作仅仅当作赚钱的途径，不懂得工作的意义，不懂得把人生的意义赋予工作，不懂得将工作当作一种享受。每个人都希望自己的人生是有意义、有价值的，所以与其在计较和抱怨中消磨自己的意志，不如调整心态，让自己的工作变得更有意义。在人类历史的长河中，一个人的人生价值，并不意味着占有多少财富，而在于能否对社会的进步、人类的发展做出一定的贡献。古今中外许多杰出的科学家和文化巨人，用他们自己的艰苦劳动给世界和人类创造了不朽的价值，从而也奠定了他们的人生价值，并为人类历史书写了光辉的一页。歌德说得好："你若喜爱自己的价值，你就得给世界创造价值。"这里面包含了一个非常重要的真理：人生的价值，实际上体现在我们为社会创造的价值之中。只有我们真正认识到自己所从事职业的意义和价值，这种内在的精神力量才能成为鼓舞我们认真工作、爱岗敬业的动力。一个有抱负的人应当抓住工作中的每一个机会，把工作中的每一项任务都当成提升自己的机遇，为以后的工作打下坚实的基础。如果你能够认清自己的使命，勇于负责，带着敬业的态度，承担起重任，那么无论你处于怎样平凡的岗位，都能在最短的时间发现机遇，并获得成长和成功的机会。因此，一种健全的敬业精神，会极大地提升人的主体性，使人感受到自身生命的意义和价值，从而促进人的自身发展。

敬业的人往往会对自己从事的职业具有献身精神，将自己的一生与其联系起来，在事业发展中实现人生价值。同时，他还会拥有强烈的责任感，明确认识到自己承担的特定职责，忠实履行职责，勤勤恳恳工作，任劳任怨付出。在敬业精神的支撑下，公民个人不但能满足其生存

使命与担当：爱国、敬业、诚信、友善

发展之需，而且能实现自己的人生价值和理想抱负。20世纪50年代，美国心理学家戴维·麦克利兰提出成就需要理论，认为在一个组织中，人们最重要的需要是成就需要，其次是权力需要和合群需要。随着现代文明的发展，人们越来越多地把社会职业活动当作实现自我价值并超越自我价值的舞台。敬业精神作为个体与社会、个体与世界在意识领域的融合，会在很大程度上有助于人的自我价值的实现与超越。所以，一个优秀的职业人士应该把追求卓越当成一种生活标准，把工作变成一种人生态度和生活方式。

　　超越自我不仅是一种重要的人生态度，也是一种积极的工作态度，是我们工作做到高绩效和生活达到高质量的重要保证。追求卓越的工作表现并不仅限于追求工作业绩，还是一种生活标准，是一种心理状态和存在。在追求卓越的过程中，你可以将自己的才智发挥出来，应用到你孜孜以求的事业上，创造出高绩效的工作和高质量的生活。不要满足于尚可的工作表现，只有不断超越自我，追求卓越，才能成为一个真正优秀的职业人士。不断增强自己的力量、不断提升自己，突破自我局限，你将会在工作中创造奇迹。一个人只有不断突破自我的局限，不断为自己提出更高的要求，才能走出平庸的生活模式，激发出自己的工作潜能。在现实生活中，人与人之间的差异永远不会消失。我们对此应泰然处之，因为正是由于人生差距的存在，才使我们看到了生命的希望，人生的意义事实上便在于不断超越，超越别人也超越自己。美国总统林肯的一生便向我们证明这样一个道理：人不会因出生的卑微而影响生命的伟大，我们还要在成功时衷心感谢困难和逆境，是它们教会了我们如何战胜自己，勇敢地面对真实而冷酷的现实。对于大部分人来说，顺其自然的结局只能是平庸无奇。比如作为一个体育运动员，如果总是顺其自然，就无法挑战自己的极限并超越自我。著名思想家、演讲家爱默生说过："不要总说别人对你的期望值比你对自己的期望值高。如果有人在你所做的工作中找到了失误，那么你就是不完美的，你也不需要去找一些理由。承认这并不是你最佳的表现，千万不要挺身而出去捍卫自己。当我们可以选择卓越时，却为何选择平庸呢？"

三、敬业是个人道德养成和自由发展的需要

敬业不仅能够维持个人生存，成就个体人生价值，更是一种价值层面的道德要求。在西方近代文化中，劳动和工作一开始就被赋予了道德的内涵。德国宗教改革家马丁·路德首次提出了"劳动即天职"的观念，认为劳动是上帝的安排和应尽的义务，人们在人世间的一切工作，包括社会劳动和家庭生活等都是神圣的天职。他曾经举过这样一个例子，一个清洁工打扫街道的工作和贝多芬谱曲、莎士比亚写诗一样，没有任何分别。也就是说，在马丁·路德那里，个人从事世俗的职业，并不仅仅是为了维持生存，还具有更高的道德指向。马丁·路德赋予世俗职业道德内涵的做法被德国著名社会学家马克斯·韦伯所继承和发扬。在《新教伦理与资本主义精神》一书中，"天职观"被当作新教伦理的核心教理。这种天职观不再将世俗世界的劳动和职业视为低下和卑贱的，而是赋予它们神圣的道德性。韦伯认为，"天职"意味着人们需要去学习诸多技能，但同时也意味着一种精神状态，即人全身心地投入某

使命与担当：爱国、敬业、诚信、友善

项高于个人的事业。在中国传统文化中，劳动和工作一直具有道德的意义。《周易·颐卦》中就这样写道："颠颐，拂经于丘颐，征凶。"意思是垦荒开田和辛勤劳作是吉祥之事，而抢劫则会遭到凶灾。"天行健，君子以自强不息"，依靠自己的辛勤劳作养活自己是道德的、光荣的事情，而通过抢劫这种不劳而获的方式维持生活则是不道德的。儒家文化更是通过"孝"赋予劳动和工作极高的道德意义，《礼记·祭义》曰："君子生则敬养。"《礼记·祭统》曰："孝子之事亲也，有三道焉：生则养，没则丧，丧毕则祭。"孝首先要敬养父母，敬养父母首先就要满足父母在物质生活上的需要。因此《孝经》要求人们"用天之道，分地之利；谨身节用，以养父母"。子路"百里负米养亲"、江革"行佣供母"等典故就是颂扬人们通过努力工作以侍奉父母的高尚道德情操。梁启超在其《敬业与乐业》的著名演讲中，认为"拉黄包车"和"当大总统"的职业性质并无二致，只要"各人因自己的地位和才力，认定一件事去做"，"其性质都是可敬"的，都叫作"职业的神圣"，并强调"凡职业没有不是神圣的，所以凡职业没有不是可敬的"。马克思在《青年在选择职业时的考虑》一文中指出，"如果我们把这一切都考虑过了，如果我们的生活条件容许我们选择任何一种职业，那么我们就可以选择一种使我们获得最高尊严的职业"，因为"尊严是最能使人高尚、使他的活动和他的一切努力具有更加崇高品质的东西，是使他无可非议、受到众人钦佩并高出于众人之上的东西"[①]。我们可以看到，中学时期的马克思就已经初步认识到职业的神圣性质以及职业对人道德养成的重要

---

① 马克思，恩格斯. 马克思恩格斯全集：第1卷. 2版. 北京：人民出版社，1995：458.

第二章　个人层面社会主义核心价值观的价值定位

作用。

正如我们前面所指出的，敬业本身就意味着热爱劳动，而劳动本身则和人的自由发展密切相关。美国哲学家弗罗姆在《逃避自由》一书中就谈到过劳动对人的自由发展的决定性作用，弗罗姆认为一部人类史就是冲突与斗争的历史，个人每朝个体化前进一步，便会遇到新的不安全感和威胁。但问题在于，个体原始的纽带一旦被切断，便无法修复，人们已经无法回到个体与世界原始统一的关系。而唯一可以解决个体化的个人与世界分裂关系的创造性方案只有一个，那就是"人积极地与他人发生关系，以及人自发地活动——爱与劳动，借此而不是借始发纽带，把作为自由独立的个体的人重新与世界联系起来"①。在弗罗姆看来，建立在血缘关系基础之上的人与世界的原始统一关系，在个体追求自由的过程中逐渐被打破，个体与世界的分裂使个体的孤独感和不安全感日益增加，从而使自由成为一个"难以忍受的负担"，为了解决这个问题，个人就必须积极地与他人和社会建立联系，并通过劳动来重新建立个体与世界之间的关系纽带。马克思早就认识到社会关系和劳动对人的自由发展的重要作用，在《关于费尔巴哈的提纲》中，马克思指出："人的本质不是单个人所固有的抽象物，在其现实性上，它是一切社会关系的总和。"② 既然人的本质并不是单个人所固有的抽象物，人的本质只有在一定的社会关系中才能得以完成，那么人的自由与发展也必须在一定的社会关系中才能最终得到实现。在现代社会，社会化的劳动已经成为

---

① 弗罗姆. 逃避自由. 北京：国际文化出版公司，2002：25.
② 马克思，恩格斯. 马克思恩格斯选集：第1卷.3版. 北京：人民出版社，2012：135.

使命与担当：爱国、敬业、诚信、友善

搭建人与人社会关系的主要桥梁。马克思在《1844年经济学哲学手稿》中指出，工业的历史"是一本打开了的关于人的本质力量的书"①，大工业的历史是一部劳动的历史，同时也是一部通过劳动打破原始的人与人之间的自然关系并重建人的社会关系的历史。马克思认为，"个人在精神上的现实丰富性完全取决于他的现实关系的丰富性"②，因此，"只有在共同体中，个人才能获得全面发展其才能的手段，也就是说，只有在共同体中才可能有个人自由"③。

在社会主义市场经济条件下，人的自由与发展包含了两个层面的内涵：一是物质层面上的自立；二是精神层面上的道德养成。这两个层面实质上是互为一体的，因为一个靠辛勤劳动获得经济独立的人，肯定是一个自立自强、受人尊敬的人，必然也是具备一定道德修养的人。从这种意义上来说，一个敬业的人，就是一个热爱劳动、自强自立的人，同时也是一个具有高尚道德情操并实现了个体自由的人。习近平总书记强调："在我们社会主义国家，一切劳动，无论是体力劳动还是脑力劳动，都值得尊重和鼓励；一切创造，无论是个人创造还是集体创造，也都值得尊重和鼓励。全社会都要贯彻尊重劳动、尊重知识、尊重人才、尊重创造的重大方针，全社会都要以辛勤劳动为荣、以好逸恶劳为耻，任何时候任何人都不能看不起普通劳动者，都不能贪图不劳而获的生活。"④敬业作为一种道德并不排斥利益追求，但我们对物质利益的追求必须建

---

① 马克思，恩格斯．马克思恩格斯文集：第1卷．北京：人民出版社，2009：192.
② 马克思，恩格斯．马克思恩格斯选集：第1卷．3版．北京：人民出版社，2012：169.
③ 同②199.
④ 习近平．在庆祝"五一"国际劳动节暨表彰全国劳动模范和先进工作者大会上的讲话．北京：人民出版社，2015：5.

立在辛勤劳动的基础上，以勤劳致富为荣，以不劳而获为耻。只有这样，我们才能实现从敬业到勤业、从勤业到乐业的价值升华，这同时也是个人道德养成的标志之一。

第三节

诚信——个人立德处世之本

　　诚信是中华民族的传统美德，是中华民族的文化瑰宝，数千年来，诚信一直流淌在中华民族的血脉之中，并成为中华优秀传统文化源远流长的文化基因。诚信观念备受人们的推崇与尊奉，古人甚至将诚信上升到宇宙法则的至高地位，孟子所谓"诚者，天之道也"就是对诚信这种崇高地位的具体表达。在先秦儒家那里，作为"天之道"的"诚"既是一种道德观，更是一种世界观。所谓"诚外无物"，就是对这个世界观的深刻表述。因此，在传统文化当中，诚信不仅仅是人与人的关系法则，也不仅仅是人与鬼神的关系法则，更是天地自然运行的基本法则。如果说诚信作为人对鬼神的承诺与信仰是令人畏惧的，那么诚信作为天地自然运行的基本法则却令人敬仰。这种敬畏应该是自古以来诚信得以切实践行的价值依据。为此，孟子又说，"思诚者，人之道也"，"诚"为天道，"思诚"则是人之道，诚信由此必然处于个人修养的最高层面。

古人常说的"不诚无物",就是指那些不讲诚信的人,什么事情也不可能做成。在此意义上,诚信也被称为"五常之本,百行之源"。

一、诚信是成就完美人格的前提

诚信是我们的祖先从漫长的历史实践中总结出来的行之有效的道德规范。一般认为,诚信的规范是由圣贤所开创的。《史记·五帝本纪》中记载:"舜举八元,使布五教于四方,父义,母慈,兄友,弟恭,子孝,内平外成。"可以说诚信的逐步健全恰恰是人类从蒙昧走向文明的历史记录,是人类摆脱兽性彰显人性的重要标志,也是人类从本体人转变为道德人的基本环节。恰恰是因为有了诚信的约束力,人类的理性才得以发挥作用。正是借助诚信这一初始命题,人类开始对"我是谁"和"我应该是谁"的哲学命题有所回应。这其中包含着人类最初的道德选择、道德目标和道德实践。从这里开始,人类开始了对他人的理解和尊重,开始了对自我的了解和控制,也开始了对道义和责任的领会和实践。对诚信的倡导乃是对数千年人类文明史的回溯和尊重。

诚信一直是人们追求完美品德和养成高尚人格的必要条件,是人之为人的首要价值。在传统文化中,诚信中的"诚"多指个人在德性上的自我修养以及由此形成的个人诚实无欺的内在道德品质和道德境界;"信"则表现为个人在社会交往中的相互信任和信守承诺,它是一种外在的行为表现。诚信在个人道德修养中具有重要地位,它是个人应该具备的最基本的道德品格。在儒家思想中,诚信是个人立身处世的基本前提,是个人敬德修业的根本要求。修身取信就是说要谨慎自己的言语。

第二章 个人层面社会主义核心价值观的价值定位

取信是修身的前提,《易传》中有言:"言行,君子之枢机。枢机之发,荣辱之主也。言行,君子之所以动天地也,可不慎乎!"孔子也说:"其言之不怍,则为之也难","为之难,言之得无切乎?"言行一致是判断一个人是否诚信的主要标准,但由于言语与行动之间存在着时间上的差异,即大多数时候是言在先,行在后,而且两者的时间间隔有时很大,所以造成人们在评价一个人时往往只看言语,而忘记行动。然而即使这样,言语在诚信原则中仍然处于极其重要的位置。谨言慎行,就是要说话诚实,做事严谨。这就要求人们务实而不空谈,不说大话,不说空话,不说假话,这就是所谓"君子以慎言语""君子以反身修德""君子以恐惧修省"。诚信同样要求不断地进行自我反省。孔子是常常注意反省自己的,樊迟问孔子:"敢问崇德、修慝、辨惑?"子曰:"善哉问!先事后得,非崇德与?攻其恶,无攻人之恶,非修慝与?一朝之忿,忘其身,以及其亲,非惑与?"此意指做事争先,享受在后,时刻检查自己的过错,但责己,不责人,则可取信于人。在此基础上,儒家还提出了"慎独"的概念。《大学》曰:"所谓诚其意者,毋自欺也。如恶恶臭,如好好色,此之谓自谦。故君子必慎其独也。""诚于中,形于外,故君子必慎其独也。"《中庸》也有云:"是故君子戒慎乎其所不睹,恐惧乎其所不闻。莫见乎隐,莫显乎微。故君子慎其独也。"《荀子》中也有关于慎独的言论:"君子至德,嘿然而喻,未施而亲,不怒而威。夫此顺命,以慎其独者也。"由此可见,"慎独"就是指一个人独处时,在没有其他人监督的情况下,有做坏事的机会而不去做,严守善道,约束自己。慎独不仅是道德修养的方法,而且是道德修养所要达到的境界。它是诚

使命与担当：爱国、敬业、诚信、友善

意和毋自欺的体现。一个真正能做到慎独的人，也是一位真正践履诚信之德的人。可以说，加强修身和笃行诚信是一个相辅相成的关系，加强修身是笃行诚信的重要途径，笃行诚信又有助于提高自己的道德品质。

在中国先秦儒家那里，"信人"就是"善人"，孔子说："见利思义，见危授命，久要不忘平生之言，亦可以为成人矣。"也就是说，一个长期处于贫困之中的人如果能够不忘且践行平生的诺言，就可以算是一个"完人"，即可以成为一个君子。众所周知，在中国古代，诚信一直是君子修身立世的法宝，也是做人的根本。许多人为了一个"信"字可以将生死置之度外，人们把那些言而有信、一诺千金、一言九鼎的人称为君子，而把那些言而无信、背信弃义的人斥为小人。事实上，古今中外的正人君子都把诚实守信当作修身立世的第一信条。"曾子杀猪""华盛顿砍倒樱桃树"就是诚实守信的典型故事。关羽备受世人敬重，不是因为他的武艺卓绝于世，而是因为他是一个重诺守信的正人君子，因而成为世代中国人修身养性的道德典范。因此，信守承诺是君子道德养成的必要前提，欺世盗名则必然受到世人的唾弃。北宋著名理学家程颐曾经说过："人无忠信，不可立于世。"诚信是人之为人的必备条件，是做人的基础，是人能够立身于世的根本前提。"不信不立，不诚不立"，我们做什么事情都不能违背"诚之天道"，一个人如果没有诚信，就不可能在社会上立足。正是在此意义上，张岱年先生指出："诚为人生之最高境界，人道之第一原则。"

诚信是个人立德立身之本，在中国传统文化中，古人以五常——仁义礼智信来修养心性，信在其中处于非常重要的位置。在现代社会，诚信依然是个人修养的主要内容,并成为社会主义核心价值观个人层面的重要价值准则之一。习近平总书记经常引用《论语》中的"人而无信,不知其可也"来强调诚信对于个人道德修养的重要性,并把诚信视为涵养公民和党员道德品格的关键因素。2015年6月1日,习近平总书记在会见中国少年先锋队第七次全国代表大会代表时指出:"要学会做人的准则,就要学习和传承中华民族传统美德,学习和弘扬社会主义新风尚,热爱生活,懂得感恩,与人为善,明礼诚信,争当学习和实践社会主义核心价值观的小模范。"[1] 青少年要从小通过培养"明礼诚信"来学会做人的准则,同样党员干部的道德修养也必须以诚信作为根本前提,习近平总书记曾多次要求党员干部做人要实,要对党、对人民、对同志忠诚老实,做老实人、说老实话、干老实事,襟怀坦白,公道正派。老实做人、做老实人,是共产党员先进性的内在要求,也是领导干部"官德"和人格魅力的重要外在表现。要想成为一名合格的共产党员和优秀的党的干部,必须踏踏实实做人,勤勤恳恳做事,以诚信立德。

二、诚信是个人生存发展的必要条件

诚信自古以来就被认为是个人生存和发展的必要条件。在中国传统文化中,诚信一直被当作人之为人的内在本质规定性,所以诚信的缺失也必然会导致个人安身立命之本的丧失。例如,孔子就一直强调诚信是个人立身之本,强调一个人如果没有诚信,也就失去了生存和发展的前提条件。在《论语·为政》中,孔子指出:"人而无信,不知其可也。

---

[1] 习近平. 美好的生活属于你们 美丽的中国梦属于你们. 人民日报,2015-06-02.

使命与担当：爱国、敬业、诚信、友善

大车无輗，小车无軏，其何以行之哉？"在这里，孔子以古车的輗和軏作喻，说明了一个人如果不诚实守信，在现实生活中将寸步难行。当问到人为什么要诚信时，孔子回答说："言忠信，行笃敬，虽蛮貊之邦，行矣。言不忠信，行不笃敬，虽州里，行乎哉？立则见其参于前也，在舆则见其倚于衡也，夫然后行。"一个人如果具备诚信的优良品质，即使身处蛮人横行的地方也能够生存，也能够成就个人的发展；反之，一个人如果不讲诚信，即使身处自己所熟悉的环境之中也难以获得个人的生存和发展。同时，诚信还有助于个人建立良好的社会关系。马克思主义认为，人的本质在其现实性上是一切社会关系的总和，在马克思那里，人的生存和发展都依赖于一定的社会关系。孔子也持大致类似的观点，鼓励人们通过诚信广交朋友，建立良好的社会关系，以此促进个人的发展。孔子说："友直，友谅，友多闻，益矣"，强调人们多与诚实、正直、博学多识的人交朋友，从而有利于自身的发展。而孔子自己的人生志向之一也是"朋友信之"，可见孔子非常重视诚信在个人生存和发展中的作用。成语"一诺千金"来源于《史记·季布栾布列传》讲的一个典故："得黄金百斤，不如得季布一诺。"秦末一个叫季布的人之所以能够在被汉高祖刘邦悬赏捉拿的境遇下免遭灾祸，就是因为他一向说话算数，讲诚信，社会信誉度非常高，所以旧日的朋友不仅不为重金所诱惑，反而冒着生命危险来保护他。所以，一个诚实守信的人，自然得道多助。反之，如果一个人不讲诚信，失信于他人，则最终会危及自己的生存，更谈不上什么发展了。

在人类社会中，人与人、人与物处于一个现实的相互依赖的关系中，他人的劳动成果不仅给予我们生存的条件，也进一步提供了其他保障。因此，诚信自然而然地发生在与他人的交往中。诚信源自熟悉，这是一种基本经验。当新生儿开始对自身和环境进行区分时，他必须学习与周围重复出现的人确立信任关系，这些人即他的父母是他生存的保障。心理学家把这种信任称为"初始信任"。这是人对所处世界的信任。所以我们信任自己的身体，相信心脏在跳动，伤口会愈合，第二天还能从睡梦中醒来。我们相信外界的大自然，相信冬天过后是春天，相信天会下雨，地球在转动。由这一系列的自然规则带来的就是诚信之真，即相信一切都是真实的，都具真理性。这种建立在自然基础上的人与自然之间的诚信，是人们生存的一个前提。随着人类社会的发展，诚信则逐渐应用于人类社会领域。

马克思主义认为，人是社会存在物，人的本质是一切社会关系的总和，单个人不可能脱离国家和社会而生存和发展，国家安则个人安，国家危则个人危。因此，个人的生存和发展和国家的生存和发展是根本一致的。在传统文化的视野中，社会和国家的生存和发展也离不开诚信这一伦理价值。中国古人认为，为政者讲求信誉，则人民不敢做假事、说假话，这样一来，就可以实现国家的长治久安。所谓"政莫大于信"讲的就是这个道理。如果普通老百姓不讲诚信，影响的只是少数人，而为政者不讲诚信，影响的则是国家的安危。汉代思想家荀悦认为国家治理要"先屏四患"，即"伪、私、放、奢"，而"伪"即不诚信的危害在于伤风败俗，扭曲人性，使国家失去控制。显然，国家与社会的诚信在古人那里并不是一个抽象的概念，而是首先体现在执政者讲诚信上：为政

使命与担当：爱国、敬业、诚信、友善

者讲诚信则国家与社会讲诚信，国家与社会讲诚信则人民讲诚信，人民讲诚信，则国家和社会可以长治久安，人民可以安居乐业。在此意义上，诚信在个人安身立命与生存发展方面所起的重要作用，还必须放到国家与社会的层面上才能得以彻底呈现。

三、诚信是现代社会个人安身立命的价值引领

诚信作为一种美德是中华民族文化的瑰宝，但它并不仅仅属于历史，更属于当下。尤其是在今天的中国，诚信美德更应该成为引领个人安身立命的重要思想资源和价值指引。众所周知，随着市场经济的发展，当代中国正处于从熟人社会向陌生人社会转型的关键时期，而以诚信为核心的传统道德是建立在熟人社会基础之上的。在传统的熟人社会中，人与人之间的关系本质上是以血缘关系和地缘关系为特征的自然关系，人与人之间的交往大多局限在熟人的圈子之内，交往频率、规模和范围都是非常有限的。在这种狭隘封闭的交往范围内，人际关系的自发性和狭隘性必然制约着各种不诚信现象的发生，因为任何个人都无法承受不诚信所带来的被熟人社会所排斥的严重后果——个人离开熟人社会就等同于丧失了生存与发展的任何可能。因此，诚信在熟人社会中对个人行为就具有一种天然的约束力，自然而然地成为人们之间建立社会联系的纽带，成为个人道德修养、安身立命的伦理引领，并发挥着巨大的调节人际关系的社会功能。

现代社会从根本上讲是建立在市场机制之上的陌生人社会，它以逐利为根本特征。它给诚信建设带来的挑战是："老实人"吃亏的现象屡

见不鲜，诚实守信者上当受骗，守法经营者破产，等等。诚信者在陌生人社会中甚至几乎成了"傻子"的代名词。2010年由上海市政协社会和法制委员会组成的课题组，对上海社会诚信问题展开了调查，调研结果显示：诚信作为社会行为中最重要的准则，在具体的经济和社会交往中并未得到肯定，反而成为"吃亏"的代名词。这样一来，诚信似乎在现代社会中已经失去了其应有的价值引领作用。事实上真的是这样吗？答案显然是否定的。在陌生人社会中，诚信不仅没有丧失个人安身立命的伦理引领功能，还承担着个人建功立业的价值引领功能。

一方面，诚信在陌生人社会中依然承担着个人安身立命和社会性本质建构的伦理引领功能。按照马克思主义的观点，人天生是一种社会动物，人的本质在其现实性上是一切社会关系的总和，也就是说，人的本质必须在社会性的交往中才能得以完成。在熟人社会中，人的社会性建构几乎是天然完成的，因为熟人社会是建立在血缘关系或地缘关系基础之上的，其封闭狭隘的特征天然形成了人与人之间的信任关系，诚信也自然而然地发挥着人的社会性本质建构的功能。可是在陌生人社会中，人们习惯于以戒备的眼光、怀疑的心态看待陌生人，甚至以"竞争的心态"对陌生人处处设防。这样一来，人们之间的社会联系不可能自发地建立起来，人的本质的社会性建构也就无从谈起。更为严重的是，诚信模式的缺失还会造成深刻的精神危机：由于市场经济把人性中"利己"的一面无限放大，必然造成人们之间信任链条的断裂，随之而来的是情感冷漠、精神荒漠化等负面现象的出现。因此，从个人安身立命的角度来讲，陌生人社会更加需要诚信这一伦理价值的引领，并以此为基础重

使命与担当：爱国、敬业、诚信、友善 ● ● ●

新建构一种超越传统血缘关系和地缘关系的和谐社会，为人性寻找一个新的精神家园。

另一方面，在陌生人社会中，个人建功立业也离不开诚信这一伦理价值的引领。市场经济打破了传统熟人社会"君子罕言利"的人际交往模式，代之以逐利为主要特征的人际交往模式，"金钱"或占有利益的多少在一定程度上已经成为衡量人们成功与否的标志。但是，"逐利"与不诚信之间绝对不能画等号。陌生人社会的确以逐利为基本特征，但个人对物质利益的追求却离不开诚信这一伦理价值，因为市场经济在本质上是以平等交换为特征的。换言之，一个人如果缺乏诚信，与之相关的任何利益交换都不可能正常进行，他就不可能在市场经济中获得利益，甚至会丧失生存和发展的机会，这样的例子不胜枚举。伊索寓言中《狼来了》的故事之所以能够广泛流传甚至家喻户晓，就是因为这个故事告诉了我们一个深刻的道理：诚信缺失不仅会使个人丧失他人与社会对他的信任，更重要的是会使个人自食恶果，遭受重大利益损失甚至会危及自身的生存。

总之，在当代社会，诚信不仅没有失去其价值，反而更加成为人们生存和发展的基本保证，在此意义上，诚信已经成为公民的第二张"身份证"。习近平总书记告诫我们一定"要有诚信的价值观。诚信是和谐社会的基石和重要特征，也是企业的立身之本。人无信不立，商以诚待人，业靠诚信创"[①]。一方面，诚信能够展示一个人的人生境界。那些

---

① 习近平. 干在实处 走在前列：推进浙江新发展的思考与实践. 北京：中共中央党校出版社，2006：98.

第二章　个人层面社会主义核心价值观的价值定位

诚信处事、诚信经营的人，由于充分认识到人的社会性对人的生存和发展的重要意义，故以诚信作为个人安身立命之本。事实上，一个人的成功不可能离开他人与社会的支持，纯粹的个人英雄式的自我拯救只是一种文学上的虚构，在现实社会中，人的价值必须通过他人与社会才能得以成就与体现。一个诚信的人不会拘泥于眼前的利益得失，不会害怕因诚信而"吃亏"，而是把眼前利益与长远利益结合起来，用一生去践行诚信，最终取得成功。因此，诚信体现的是一种哲学智慧和人生境界。另一方面，诚信能够为个人发展提供一个和谐有利的环境。一个社会如果没有诚信，人与人之间如果缺乏信任，那么"地沟油""毒奶粉"等各种假冒伪劣产品就会充斥社会，这样一来，受伤害的不仅是消费者，也是造假者，因为任何一个造假者同时也必须是消费者，所以不诚信的后果是每个人最终都成为受害者，从而造成一种人人自危的局面。更为关键的是，在这样一个社会里，人们的世界观、价值观和人生观都被扭曲，冷漠与偏见充满社会，人的社会性本质无从得以建构，个人之安身立命也无从谈起。因此，诚信既能够为个人提供一种伦理启迪和价值引领，又能够展现一种道德激励。诚信作为实现人的社会属性的前提条件，是人与人交往正常展开的保证。正是因为有了诚信，人与人之间戒备减少而亲和增多，人们有了深入交往的可能性。在此意义上，诚信更多体现的是人与人之间的人文关怀，而不仅仅是一种利益关系。一个人一旦做到了诚信，他便已经从两个方面受到了激励，一方面是自我的实现，另一方面则是道德境界的达成。诚信是人生而为人的内在要求，是人与禽兽的本质区别，是人在社会化生活当中安身立命的基础，体现了

使命与担当：爱国、敬业、诚信、友善

一个人完善健全的人格与严肃自律的操守。

第四节

友善——个人克己达人之本

友善作为中华民族的传统美德，一直承载着人们厚德载物、和谐相处的精神内涵，因此在很多时候都被理解为人与人相处时的一种和谐宽容的态度和方式。除此之外，友善还具有成就个人之德性、克己达人的重要功能。

一、友善是个人德性养成的基础

《周易》有"立人之道，曰仁曰义"的说法，也就是说只有一个充满仁义之心、关爱他人的人才是真正意义的人，友善仁义才由此被称为"立人之道"。提倡"仁者爱人"的孔子还借此提出了"己欲立而立人，己欲达而达人"的以友善"立人"的具体实践方式。在儒家学说那里，友善首先应是个人的一种德性与气质，是对仁爱等中国传统道德规范对人德性要求的继承。"仁爱"是儒家思想的核心，也是中国传统道德文化中个人品性修养的核心。"仁"的含义十分宽泛，孔子关于"仁"的论述在《论语》中就有109处，但就人格修养而言，"仁"是全德之名，

第二章　个人层面社会主义核心价值观的价值定位

是一切美德的总称。"仁"包括"恭""宽""信""敏""惠"等，但其最根本的内容是"爱人"。"樊迟问仁，子曰：'爱人。'"孟子也说："仁者爱人。"可以说，在中国传统道德文化中，对个人品性最基本的要求就是爱人，爱人就是仁，"仁爱"是人之为人的根本，仁爱精神是一个人应具备的基本道德修养。

在人际交往实践中如何做到爱人？首先就是要做到友善地待人，当你具备友善的德性和气质时才会做到爱人如己、博施仁爱。要想做到爱人如己、博施仁爱，重要的就是要做到以友善的态度"推己及人"，即通过对自己内在情感的体察，按照"人同此心，心同此理"和"人性本善"的态度，达到对他人内在感情的相应理解，并以此作为调节人与人之间关系的基础。一个拥有友善品性的人就应该设身处地地站在对方的立场上来思考问题，要扪心自问，假如我处在对方的状况下会怎么样，以达到与对方感情或思想上的共鸣，以爱己之心去爱对方，由爱自己推广到爱亲人，再到爱所有人，以至爱世上的万事万物。爱己之心人皆有之，爱亲之心亦人皆有之。一定范围的推己及人不难做到，但是要将这种爱推得广推得远，真正做到视他人如己身，视天下犹一家，是很难的。

就现代社会对其成员的要求而言，人格和道德的发展应该是最重要的。对每个社会成员来说，这两方面的素质要求应远远超过对其他文化素质的要求。社会的教育理念和舆论导向必须要在这一方面达成最大化的共识，并积极将其付诸实践，否则，这个社会培养出的所谓人才即使智力水平再高、专业技能再优秀也不会成为社会发展的推动力，相反只

使命与担当：爱国、敬业、诚信、友善

能成为社会的破坏者和社会发展的障碍。中华民族是礼仪之邦，"仁爱"的精神一直以来都是中国传统道德文化的核心，是中华民族传统美德的根本。进入21世纪，世界各国人民开始普遍重视和认同这一道德理念。联合国教科文组织发布的引导21世纪世界教育发展的口号从着眼个体的"学会生存"转变为"学会关心"，这说明整个世界都认识到了仁爱精神的价值，希望人们在仁爱精神的指引下去"关心他人"，"关心社会和国家的政治、经济和生态利益"，"关心其他物种"，"关心地球的生活条件"，等等。同时，"友善"还源自人们对于善的价值的追求。"善"就是要求人们不但不要做有损于他人利益的事，而且还要多做有利于他人及社会的事，不计报酬，不计名利。古希腊哲学家亚里士多德把友爱分为善的友爱、有用的友爱和快乐的友爱三种，认为只有善的友爱才是稳定、持久和值得人们追求的。怀着一颗善良的心、成为善良的人是友善的前提。把善心传递给他人的过程就是"友善"。能够友善地对待他人本身既是对自身"善"性的展现，同时也是对人们彼此之间能够实现善意相处的推崇，由此可见，"友善"的发生基于人们对整个人类形成"善良"美德的追求。

在整个社会处于转型期的今天，能否拥有友善的品质充分体现着一个人的道德水平。现代社会日益细化的社会分工决定了任何人都不是一个单独的存在，任何人都不可能独立地生活在这个社会中，换句话说，现代社会使人们之间的交往成为必然，而现代人只有在相互交往中才能实现自身的价值。但在现代社会中，人们通常有着不同的利益诉求，而不同的利益诉求之间存在矛盾甚至冲突也在所难免。如果缺乏友善的道

第二章　个人层面社会主义核心价值观的价值定位

德品质，人与人之间就难以跨越差异，难以调和分歧和矛盾，共同的社会生活将变得非常艰难。作为现代人应具备的基本道德品质，友善是公民进入社会生活的道德姿态。友善的品质促使人们在公共生活中寻求相互认同，积极、主动地履行彼此间的义务，以善意拉近彼此间的距离。友善是心平气和地与别人探讨问题，友善是在别人遭遇困难时伸出的一只手，友善是对陌生人的一个微笑，它表明了一个人胸怀的宽广，体现了一个人精神境界的纯净高尚。友善是光明与和平的使者。友善是一个人更好地融入社会的前提，爱群、利群、乐群，是社会风气良好的重要标志。因此，在生活和工作中对人友善，是公民应具备的基本道德素养。

当今社会，随着社会生产力的不断发展，人们的物质财富日益丰富，传统的人生观和价值观日益受到强烈的冲击。许多人在个人物欲获得极大满足之后，自身的人生观和价值观也发生了扭曲。他们没有因社会为他们的成功创造条件而心存感激。他们既没有想过要用友善之心去帮助那些曾经帮助过自己的朋友，也不会去关爱那些需要帮助的其他社会成员。财富没有使他们的品德更加高尚，相反却使他们丧失了友善这一基本的优良品质，这些人在物质上得到极大丰富与满足的同时，精神世界却无比的贫瘠荒凉。他们一味地追求物质的享受，却忘记了用友善的心灵去承担自己应尽的社会义务，他们在挥霍财富的同时，也消耗掉了自己的德性。一个丧失了友善品质的人，不仅不会主动地去帮助他人、服务社会，而且由于对他人生命、社会责任的漠视，为了追求个人一时的财富和利益，会放弃人性中最本真的善良，甚至不惜以伤害他人

使命与担当：爱国、敬业、诚信、友善

生命和危害社会安定为代价。

　　塑造社会成员的理想德性，是每一个社会在对社会成员进行培养时应首先要解决的问题。自古以来，中国在人才培养目标上都是强调以德行为主，即道德第一，学问第二。人类文明已经进入 21 世纪，思考如何净化心灵、完善人生、陶冶情操，做一个"经济人"与"道德人"相统一的现代人，仍然是当代文明不能回避的重大现实问题。特别是在中国逐步建立社会主义市场经济的今天，随着物质利益的突出，人们的思想和行为都带上了强烈的功利主义色彩，重才轻德的倾向日趋严重。在这种大氛围下所培养出的人才大都缺乏社会责任感、正义感，并不同程度地带上了自私冷漠、自我中心、个人利益至上甚至唯利是图的心理倾向。严峻的现实使我们不得不冷静地思考如何建构符合时代要求的理想人格培养模式。无论这种理想人格模式的具体内涵是什么，在中华民族进入新时代、继往开来的今天，我们对社会成员的首要要求应该是与人为善、待人真诚。一个社会，如果其成员缺少了友善的品质，人的精神就会被私欲蛀空，心灵就会被腐蚀，人就成了空有躯体的无本之木，这样的人越多，社会就会变得越荒芜、越悲凉，整个社会就会失去精神力量的支撑。

　　作为现代社会的成员，我们应在自己的生活与工作中保持友善的品质。在家庭中，友善可以使家庭的氛围更加和谐，可以化解各种家庭内部矛盾。由于家庭是整个社会系统的基础性细胞，家庭成员友善品质的培育和践行是整个社会友善氛围形成的决定性因素。同样，在工作中，竞争的残酷、人际关系的复杂是现代社会成员必须面对的现实状况，但只要我们具备与人为善、乐观向上的积极态度，就能够帮助我们更快地适应和成功地应对工作和生活中面临的种种困境，并最终获得事业上的成就感和生活上的幸福感。

二、友善是个体实现自身价值的必要条件

人的自我价值一般来说是指个人通过自身的社会生产和实践活动，不断创造出物质财富和精神财富，在满足个体自身需要的同时，也满足他人和社会的需要。但人的价值的实现既需要一定的自然条件，同时也需要一定的社会条件，二者都和友善价值观密切相关。

一方面，人的自我价值的实现离不开一定的自然条件，人与自然友善相处是人类生存和发展的前提和基础。马克思主义认为，人为了生存，必须吃、穿、住、行，而这一切都离不开自然界。"全部人类历史的第一个前提无疑是有生命的个人的存在。因此，第一个需要确认的事实就是这些个人的肉体组织以及由此产生的个人对其他自然的关系。"[1]人类在诞生初期，首先面对的就是人与自然的关系，但在自然面前，人类是一种无能为力的状态，"自然界起初是作为一种完全异己的、有无限威力和不可制服的力量与人们对立的，人们同自然界的关系完全像动物同自然界的关系一样，人们就像牲畜一样慑服于自然界"[2]。这个时期，人类为了生存，必须依附于自然。但随着人的本质力量的发展，人类渐渐从自然界摆脱出来，成为自然的主人，开始了征服自然和改造

---

[1] 马克思，恩格斯. 马克思恩格斯选集：第1卷.3版. 北京：人民出版社，2012：146.
[2] 同[1]161.

使命与担当：爱国、敬业、诚信、友善

自然的进程，并取得一个又一个的胜利。"但是我们不要过分陶醉于我们人类对自然界的胜利。对于每一次这样的胜利，自然界都对我们进行报复。每一次胜利，起初确实取得了我们预期的结果，但是往后和再往后却发生完全不同的、出乎预料的影响，常常把最初的结果又消除了。"① 人与自然关系的辩证发展过程表明，人类为了生存，必须与自然友善相处。这就要求承认自然的基础地位以及人与自然之间的平等关系。人不是自然的独裁者，而是自然的产物，自然是人的无机生命。"自然界，就它自身不是人的身体而言，是人的无机的身体。人靠自然界生活。这就是说，自然界是人为了不致死亡而必须与之处于持续不断的交互作用过程的、人的身体。所谓人的肉体生活和精神生活同自然界相联系，不外是说自然界同自身相联系，因为人是自然界的一部分。"②

另一方面，人的自我价值的实现也离不开一定的社会条件，社会是个人自我实现的舞台。按照马克思主义的观点，人是社会动物，人的本质在其现实性上是一切社会关系的总和。也就是说，作为一个社会存在物，单个人不可能脱离社会群体而独立生存和发展，人们必须在社会交往或人际关系中实现自我价值。人的自我实现包含两个相互关联的含义：一是社会和他人对个体需要的满足，二是个体为社会和他人创造更大的价值，这两个层面都离不开人与人之间的友善关系。我们知道，个人价值的自我实现需要社会提供良好的条件和环境，友善价值观可以引

---

① 马克思，恩格斯. 马克思恩格斯选集：第3卷.3版.北京：人民出版社，2012：998.
② 马克思，恩格斯. 马克思恩格斯选集：第1卷.3版.北京：人民出版社，2012：55-56.

第二章　个人层面社会主义核心价值观的价值定位

导个人尊重他人的选择与利益，从而使个体与他人之间保持良好的社会关系，这有助于个人更好地融入社会群体之中。人都是现实的个人，在社会联系日益紧密的背景下，一个人只有在社会中通过与他人协作才能找到自己的位置并获得生存和发展的机会。在现代社会，不仅人的物质需要的满足离不开社会，人的精神需要的满足也不可能脱离一定的社会条件。事实上，人的精神需要相较于物质需要来说是更高层次的需要，是自我实现的需要，它在社会价值的层面上就是获得社会与他人的尊重和认可。一个具有友善品质、善于与他人友善相处的人更有可能获得社会与他人的认可。同样，外部的认同也有助于个人自身价值的实现。

在现代社会，友善作为一种人的本质和德性的表征，是个人融入社会并获得成功的必要途径。我们由此可以在友善与个人自我价值实现之间搭建一个"必然性"的桥梁。实际上，中国自古就有"善有善报"的说法。早在春秋时期，古人就相信"天祚明德""神福仁而祸淫"，意思是个人行为的善恶必然带来相应的后果，友善之人必有福报，行恶之人必遭恶果。先秦儒家的"积善之家，必有余庆；积不善之家，必有余殃"，也是对善有善报、恶有恶报这一观点的表达。《诗经》中有大量讽刺统治者因不施仁政而必遭报应的诗句，如"荡荡上帝，下民之辟。疾威上帝，其命多辟。天生烝民，其命匪谌。靡不有初，鲜克有终"。用借古喻今的手法，假托周文王哀叹纣王因暴虐亡国，讽喻厉王也必然会有同样的下场。善有善报的观点在后来的社会历史中被儒、道、佛所整合和发扬。但无论如何，友善之人必得福报已经成为中华优秀传统文化中根深蒂固的价值理念。

三、友善是维系良好人际关系的道德纽带

现实生活中的人，必然要与他人进行各种形式的交往。正如马克思所说："人们在生产中不仅仅影响自然界，而且也互相影响。他们只有以一定的方式共同活动和互相交换其活动，才能进行生产。为了进行生产，人们相互之间便发生一定的联系和关系；只有在这些社会联系和社会关系的范围内，才会有他们对自然界的影响，才会有生产。"[①] 一般来说，人际关系就是人们在社会生产和社会生活过程中所建立的一种社会关系。心理学甚至将人际关系定义为人与人在交往中建立的直接的心理上的联系。人际关系有时也被称为"人际交往"，以此来作为人与人之间交往关系的总称，这些人际关系包括亲属关系、朋友关系、同事关系、师生关系、同学关系、雇佣关系、战友关系等等。人们生活在一定的人际关系之中，但每个个体又都具有其独特的思想、态度、个性、行为模式及价值观。在现实生活中，人际关系在塑造个人心理和价值取向的同时，必然也会受到个体道德水平的直接影响，并直接决定人际关系的和谐与否。

友善是处理现代社会人际关系的基本道德规范。作为社会主义核心价值观所倡导的内容之一，友善好比是社会中人际关系的调和剂。在现代社会，社会成员之间的联系已经与传统宗族社会有了较大差别，以血缘关系为主导的亲缘关系只是社会成员需要面对和处理的各种人际关系的一部分，社会成员间的关系已经日趋复杂和多元化了。多元化人际关

---

① 马克思，恩格斯. 马克思恩格斯选集：第1卷.3版. 北京：人民出版社，2012：340.

第二章　个人层面社会主义核心价值观的价值定位

系的存在使人们在处理彼此之间关系时，不应该再仅以纯粹的亲情作为调节的唯一手段，当人际关系的双方均为平等的公民时，公共道德规范应成为社会成员实现彼此和谐共处、共同生活的根本纽带。在业已形成广泛共识的公共道德规范体系中，友善的价值规范是有效调节人际关系的有效策略之一。友善的价值观在现代社会人际交往中的广泛普及，对于现代社会成员学会打破家族生活界限，以友善之心去对待自然、社会和他人大有裨益。当社会成员之间产生矛盾时，当人类社会与外部环境产生矛盾时，友善的品质能够起到疏导情绪和缓解矛盾的功效。但在人与人的交往过程中，有的交往过程可能非常顺利，令人心情舒畅、身心健康，能够促进良好人际关系的形成；有的交往过程则可能难如人意，令人心情郁闷、身心受损，并造成人际关系的紧张。因此，进行正确的人际交往十分重要。而如何进行人际交往呢？人际交往有种种方法与技巧，但最重要的一点是要怀有一颗友善的心。友善之所以是人际关系的调和剂，主要基于以下几个方面的原因：

友善让我们学会了彼此尊重。现代社会与传统社会相比，一个重要的进步在于每个人在政治地位上的差别已经不复存在，所有人无论地位高低、财富多寡，在人格上都是完全平等的。也就是说，人与人之间的交往不是发生在不同等级的人之间，而是发生在完全平等的个体之间。既然同属平等的社会成员都是公民，公民之间的交往就必须建立在相互尊重的基础之上。孔子曾经讲过"己所不欲，勿施于人"，其基本含义是指自己所不愿意的，不要强加于人。这句话所揭示的是处理人际关系的重要原则。孔子的这句名言告诫我们，应当以对待自身的行为准则为

使命与担当：爱国、敬业、诚信、友善

参照标准来相应地对待他人。因此，人应该有宽广的胸怀，待人接物之时切勿心胸狭窄，而应宽宏大量，宽以待人。倘若将自己所不愿意的硬推给他人，不仅会破坏与他人的关系，也会将局面弄得僵持而不可收拾。人与人之间的交往确实应该坚持这种原则，这是尊重他人、平等待人的体现。亚里士多德曾指出，平等是友爱固有的特点。友善是建立在主体的平等地位之上的，友善的双方都拥有共同的要求，彼此间有着同样的愿望。与人交往，广交朋友时，首先要学会平等地尊重他人，不但要尊重与自己情趣相投的人，还要尊重与自己性格相异的人，求同存异，互学互补，处理好竞争与相容的关系，更好地完善自己。对待朋友做到尊重并不难，能够尊重、包容自己的对手甚至敌人则不是一件容易的事，但这种尊重和包容又是最能充分体现一个人高贵的友善德性的。面对同一件事，以两种不同的态度来对待，结果便会截然不同。友善的态度更能温暖人心，进而感动对方，使其渐渐改变敌对的想法。很多时候，用强硬的方式解决问题往往会一无所获，但若用友善的方式来处理问题，则会收到事半功倍的效果。

　　友善要求我们对他人诚实守信。从道德范畴来讲，诚信即待人接物真诚、老实、讲信誉，言必信、行必果，一言九鼎，一诺千金。传统伦理将诚信作为人的一种基本品质，认为诚实是取信于人的良策，是立身处世、成就事业的基石。个人以诚信立身，讲究信用，就会做到公正无私、不偏不倚，就能守法、守约、取信于人，就能妥善处理好人与人、个人与社会的关系。待人友善与诚信待人实际上是密不可分的，当人们怀着友善之心待人的时候，他是不可能去坑害、算计别人的。友善维系着人们间的真诚。友善不是一种偶然的情绪,而是一种稳定的道德联系。在这种联系之中,人们真诚相待,建立互爱互信的伦理秩序。当朋友之间真正实现彼此友爱的时候,就一定能够做到言必信、行必果,不卑不亢,谦虚而不矫饰诈伪,不讨好位尊者,不藐视位卑者。总而言之,人们之间的信任程度通常与情感密切相关,人与人之间的情感越密切,相互的信任程度就越深。而友善价值观最大的社会功能就在于可以通过拉近人们之间的情感距离使承诺具有更强的社会责任感。因此,公民之间的"友善"交往是建立和谐人际关系的首要前提和保障。

友善还要求我们处处宽以待人。每个人由于家庭背景、学业经历、性格特点的不同而呈现出不同的气质、习惯和生活方式,因此,在人与人的交往过程中彼此之间产生一些矛盾和分歧是正常的。一个人在与他人交往和相处的时候,如果在面对非原则性问题时能够做到不斤斤计较,能够以德报怨、宽容大度,就是待人友善。待人友善所要求的宽容主要是心理相容,即人与人之间的融洽关系,与人相处时的容纳、包涵,以及宽容、忍让。宽容就是人与人之间相处时能从对方的立场和角度出发充分理解、体谅他人,拥有宽阔的胸怀。人们在共同生活、工作和学习的过程中产生摩擦、矛盾是正常的。面对矛盾,明智可行的做法是学会忍耐和包容,学会换位思考、体谅他人,以积极的态度化解矛盾,避免激化矛盾,最终实现互利互惠。所以,我们应该学会宽容,以友善宽容的态度对待社会和他人。在人际交往和待人接物中,如果没有了宽容,没有了友好,就失去了人性中最重要的"善"。

可见,友善是一种美德、一种修养,也是衡量一个人道德境界的标

使命与担当：爱国、敬业、诚信、友善 ● ● ●

尺。友善能够使我们真正体会到人生的美好和温暖，能够消除和化解人们之间的疏离与敌意。因此，待人友善是建立和谐人际关系的最有效的方式。我们每个人都希望生活在友好、愉快的氛围中，都希望自己的周围充满善良、宽容和温馨，这就需要我们每一个人以友善的态度与他人相处，共同营造一个心情舒畅、处处温暖和谐的生活环境。

第三章

个人层面社会主义核心价值观的时代意蕴

"爱国、敬业、诚信、友善"在社会主义核心价值观中,作为个人层面的价值准则和要求,在新时代中国特色社会主义建设的伟大历史进程中,被赋予了全新的时代内涵。因此,我们有必要将个人层面社会主义核心价值观的传统内涵以新时代为背景进行创造性转化,为实现中华民族伟大复兴的中国梦做出应有的贡献。

第一节

新时代爱国主义的价值意蕴

在社会发展的不同阶段、不同时期,爱国主义具有不同的内涵。爱国主义总是与国家在一定历史时期的总体发展目标或愿景相联系的。古代爱国主义以忠君爱国为基本内涵,近现代爱国主义则以救亡图存、争取民族独立与解放为基本内涵。党的十八大以来,中国特色社会主义进入新时代,全国人民正在为实现社会主义现代化的奋斗目标和中华民族伟大复兴的中国梦而奋斗。当今中国的爱国主义应该同这一伟大的目标和梦想相一致,应该与这个时代的旋律相合拍,应当与人民的诉求相呼应。

一、实现中华民族伟大复兴的中国梦

中国梦传承着全体中国人共同的价值追求。"中国"一词在中国文

使命与担当：爱国、敬业、诚信、友善 ● ● ●

化中由来已久，《诗经》是较早使用"中国"一词的古代文学作品，《大雅·民劳》曾这样写道："惠此中国，以绥四方。"在《孟子》中，齐王对臣下时子说："我欲中国而授孟子室"。在中国传统文化中，"中国"一词一直承载着"天下有道""大一统""繁荣富强""安定团结"等中华民族共同的梦想。中华民族是一个有理想、敢于追梦的民族，史前神话中的女娲补天、嫦娥奔月的故事就是最典型的证明。传统文献中记载的"武丁盛世""文景之治""光武中兴""贞观之治""开元盛世""嘉祐之治""康乾盛世"等，既是对中华民族曾经辉煌的历史记录，也充分反映了中华民族对国泰民安的盛世辉煌的美好憧憬和理想社会的向往。近代以来，中华民族积贫积弱，饱受外敌入侵，曾经的盛世辉煌只能存在于中华民族的记忆之中，但一代又一代的民族英雄、仁人志士发扬以爱国主义为核心的民族精神，为了中华民族的伟大复兴，引领中国人民在绝境中奋起，走出了一条中国特色的复兴之路。一百多年来的中国近代史就是中国人民寻梦、追梦、圆梦的历史旅程。正如习近平总书记 2012 年 11 月 29 日在参观《复兴之路》展览时所指出的那样："实现中华民族伟大复兴，就是中华民族近代以来最伟大的梦想。这个梦想，凝聚了几代中国人的夙愿，体现了中华民族和中国人民的整体利益，是每一个中华儿女的共同期盼。"[①]

习近平总书记在主持十八届中央政治局第二十九次集体学习时指出："实现中华民族伟大复兴的中国梦，是当代中国爱国主义的鲜明主题。"[②]

---

① 习近平. 习近平谈治国理政. 北京：外文出版社，2014：36.
② 习近平. 大力弘扬伟大爱国主义精神 为实现中国梦提供精神支柱. 人民日报，2015 - 12 - 31.

第三章　个人层面社会主义核心价值观的时代意蕴

习近平总书记的这一重要论述把中国梦与当代爱国主义紧密联结在一起，对于我们正确理解中国梦及其与新时代爱国主义的关系具有重要的理论指导和实践引领意义。

首先，爱国主义和实现中华民族伟大复兴的中国梦在目标维度上是高度一致的。也就是说，实现中华民族伟大复兴的中国梦和爱国主义的最终目标都是实现国家富强、民族振兴和人民幸福。习近平总书记指出，"中国梦的本质是国家富强、民族振兴、人民幸福"[1]。中国梦的本质与爱国主义的内涵和目标是相向而行的。爱国主义作为中华民族精神力量的核心，一直以实现国家富强和民族振兴为主要目标。爱国就是要实现祖国的富强，没有祖国的富强就不会有国家的尊严和人民的幸福。在此意义上，爱国主义和实现中华民族伟大复兴的中国梦在目标上是高度一致的。实现中国梦，意味着中国的综合国力、国际地位和国际影响力大大提升，意味着中华民族以更加昂扬向上、文明开放的姿态屹立于世界民族之林，意味着中国人民过上更加富裕安康的幸福生活。中国梦把国家的追求、民族的向往、人民的期盼融为一体，体现了中华民族和中国人民的整体利益，表达了每一个中华儿女的共同愿景。"家是最小国，国是千万家。"中国梦是国家情怀、民族情怀、人民情怀相统一的梦，体现了中华民族固有的"家国天下"的情怀。因此，中国梦具有广泛的包容性，能够引起全国各族人民的普遍共鸣，激发全体中华儿女的爱国热情。

其次，实现中华民族伟大复兴的中国梦充分体现了新时代爱国主义

---

[1] 中共中央宣传部. 习近平总书记系列重要讲话读本. 北京：学习出版社，2014：28.

使命与担当：爱国、敬业、诚信、友善 ● ● ●

的鲜明特色，丰富了新时代爱国主义的价值内涵。习近平总书记强调："爱国主义是中华民族精神的核心。爱国主义精神深深植根于中华民族心中，是中华民族的精神基因，维系着华夏大地上各个民族的团结统一，激励着一代又一代中华儿女为祖国发展繁荣而不懈奋斗。"[①] 中华民族伟大复兴的中国梦则是对新时代爱国主义的形象表达。老百姓热议中国梦，社会舆论聚焦中国梦，海外华人述说中国梦，国际社会关注中国梦。中国梦是我国一百多年风云激荡中始终不变的时代主题，是一代代中国人顽强追求、矢志不移的宏伟目标。这一梦想回荡着中华民族五千多年厚重文明的历史呼唤，凝结着中华民族在饱经忧患之后重新奋起、再创辉煌的强烈渴盼，反映了中华民族和中国人民的共同利益、共同期盼、共同追求、共同愿景和共同理想。中国梦成为回荡在神州大地上的高昂旋律，成为鼓舞各族人民团结奋进的鲜明旗帜，成为指引中华儿女爱国报国的精神灯塔。中国梦是国家的梦，归根到底也是中国各族人民的梦。中国梦体现了我们党高度的历史担当和使命追求，是新一届中央领导集体对全体人民的庄严承诺，是党和国家面向未来的政治宣言。党和国家是中国梦的倡导者，而各族人民才是中国梦的拥有者、创造者和享有者。因此，实现中华民族伟大复兴的中国梦充分体现了新时代爱国主义的鲜明特色，并为新时代爱国主义注入了新的价值内涵。

最后，实现中华民族伟大复兴的中国梦，需要弘扬以爱国主义为核

---

① 习近平. 大力弘扬伟大爱国主义精神 为实现中国梦提供精神支柱. 人民日报，2015 - 12 - 31.

第三章　个人层面社会主义核心价值观的时代意蕴

心的民族精神和以改革创新为核心的时代精神。习近平总书记在中共中央政治局第二十九次集体学习时强调，要大力弘扬伟大爱国主义精神，为实现中国梦提供精神支柱。从雄关漫道、历尽磨难的昨天，到踏上人间正道、历经沧桑巨变的今天，中华民族寻梦、追梦、圆梦的伟大征程虽然历经千辛万苦，但却永远保持着团结奋斗、自强不息的爱国主义精神品格。特别是近代以来，列强入侵，内乱横生，中华民族虽然经历了内忧外患，付出了巨大的牺牲，但在爱国主义精神的引领下，为了国家富强和民族振兴，不屈不挠，奋起抗争，在中国共产党的领导下，终于走上了正确的道路，在改造中国、建设中国的拼搏中迸发出强大的精神力量，取得了举世瞩目的历史成就。从第一颗人造卫星发射成功，到载人航天事业的巨大成就，再到"嫦娥揽月""天问探火"，中国航天树立了一座座里程碑，创造了一次次新辉煌。曾经，面对一个个"卡脖子"问题，老一辈科技工作者迎难而上、攻坚克难，展现了中国人不服输的劲头。如今，在木星探测、载人登月、月球基站等项目上接续开启新的征程，在基础软硬件、虚拟化、智慧火箭等核心技术领域持续攻关。在中国特色社会主义道路上，我国综合国力大大增强，人民生活显著改善，实现了从温饱不足到总体小康，再到全面小康的跨越，国际地位和国际影响力空前提升。经过鸦片战争以来一百多年的持续奋斗，中华民族伟大复兴展现出光明的前景。深藏于中国人民心中的民族复兴梦想，宛如朝阳，喷薄而出。正如习近平总书记指出的："现在，我们比历史上任何时期都更接近中华民族伟大复兴的目标，比历史上任何时期都更有信心、有能力实现这个目标。"

使命与担当：爱国、敬业、诚信、友善

二、坚定中国特色社会主义道路自信

习近平强调："弘扬爱国主义精神，必须坚持爱国主义和社会主义相统一。我国爱国主义始终围绕着实现民族富强、人民幸福而发展，最终汇流于中国特色社会主义。"① 爱国就是爱中国特色社会主义，爱国就要坚定中国特色社会主义自信。道路决定命运。没有正确的道路，再美好的愿景、再伟大的梦想，都不能实现。中国特色社会主义道路，是一代又一代中国共产党人不畏艰辛、努力奋斗、探索创新的伟大成果。以毛泽东同志为主要代表的中国共产党人，在1956年社会主义制度在中国刚刚确立的时候，就提出要以苏联为鉴，寻找一条适合中国国情的社会主义建设道路。我们党虽然在探索社会主义历程中遭受过严重挫折，但也在社会主义建设方面取得了许多积极成果，为新时期开创中国特色社会主义提供了非常宝贵的经验、理论准备和物质基础。党的十一届三中全会以后，以邓小平同志为主要代表的中国共产党人，以巨大的政治勇气提出进行改革开放，以巨大的理论勇气提倡进行理论创新。经过实践探索和深入思考，邓小平就什么是社会主义、怎样建设社会主义的重大问题给出了自己的回答，创立了邓小平理论，开创了中国特色社会主义。党的十三届四中全会以后，以江泽民同志为主要代表的中国共产党人，在国内外形势十分复杂、世界社会主义遭受重大挫折的严峻考验面前捍卫了中国特色社会主义，形成了"三个代表"重要思想，开创

---

① 习近平．大力弘扬伟大爱国主义精神 为实现中国梦提供精神支柱．人民日报，2015-12-31．

第三章　个人层面社会主义核心价值观的时代意蕴

了全面改革开放新局面，把中国特色社会主义推向 21 世纪。以胡锦涛同志为主要代表的中国共产党人，强调坚持以人为本、全面协调可持续发展，提出构建社会主义和谐社会、加快生态文明建设，形成中国特色社会主义事业总体布局，着力保障和改善民生，促进社会公平正义，推动建设和谐社会，推进党的执政能力建设和先进性建设，形成了科学发展观，成功在新的历史起点上坚持和发展了中国特色社会主义。习近平总书记指出，"中国特色社会主义是党和人民 90 多年奋斗、创造、积累的根本成就，必须倍加珍惜、始终坚持、不断发展"[①]。党的十八大以来，中国特色社会主义进入新时代，以习近平同志为核心的党中央统筹推进"五位一体"总体布局，协调推进"四个全面"战略布局，坚持和完善中国特色社会主义制度，推进国家治理体系和治理能力现代化，实现了第一个百年奋斗目标。历史和现实充分证明，无论是封闭僵化的老路，还是改旗易帜的邪路，都是绝路、死路。只有中国特色社会主义道路才能发展中国、富强中国，这是一条通往复兴梦想的康庄大道、人间正道。中华民族是具有非凡创造力的民族，我们创造了伟大的中华文明，我们也能够继续拓展和走好适合中国国情的发展道路。

新时代弘扬爱国主义应该同坚持党的领导、坚持中国特色社会主义结合起来。在当今中国，坚定中国特色社会主义的道路自信、理论自信、制度自信、文化自信，维护安定团结的政治局面，是爱国主义最深刻的时代内涵和最本质的时代要求。那么，什么是中国特色社会主义呢？习近平总书记指出："我们党始终强调，中国特色社会主义，既坚

---

① 习近平. 习近平谈治国理政. 北京：外文出版社，2014：6.

使命与担当：爱国、敬业、诚信、友善

持了科学社会主义基本原则，又根据时代条件赋予其鲜明的中国特色。这就是说，中国特色社会主义是社会主义，不是别的什么主义。"[1] 说中国特色社会主义是社会主义，那就是不论怎么改革、怎么开放，我们都始终坚持科学社会主义基本原则，牢牢把握社会主义前进方向。

中国特色社会主义具有鲜明的中国特色。具体来说，中国特色社会主义的特色之处在于，在中国共产党领导下，立足基本国情，以经济建设为中心，坚持四项基本原则，坚持改革开放，解放和发展社会生产力，建设社会主义市场经济、社会主义民主政治、社会主义先进文化、社会主义和谐社会、社会主义生态文明，促进人的全面发展，逐步实现全体人民共同富裕，建设富强民主文明和谐美丽的社会主义现代化国家；包括坚持人民代表大会制度的根本政治制度，中国共产党领导的多党合作和政治协商制度、民族区域自治制度以及基层群众自治制度等基本政治制度，中国特色社会主义法律体系，公有制为主体、多种所有制经济共同发展，按劳分配为主体、多种分配方式并存，社会主义市场经济体制等社会主义基本经济制度。习近平总书记指出："这些都是在新的历史条件下体现科学社会主义基本原则的内容，如果丢掉了这些，那就不成其为社会主义了。"[2]

事实胜于雄辩。道路是否走得对，走得怎么样，最终要靠事实来说话。新中国成立70多年特别是改革开放40多年来，我国综合国力大幅提升，人民生活水平显著提高，国际地位空前提升。习近平总书记指

---

[1] 中共中央宣传部. 习近平总书记系列重要讲话读本. 北京：学习出版社，2014：14.
[2] 同[1]16.

第三章　个人层面社会主义核心价值观的时代意蕴

出："今天之中国，同新中国成立以前之中国相比，同鸦片战争以后之中国相比，有天壤之别啊！"① 同欧美一些国家受困于金融危机、债务危机相比，同一些发展中国家陷入发展陷阱相比，同西亚北非一些国家政治动荡、社会混乱相比，我国发展可以说是风景这边独好。事实雄辩地证明：中国特色社会主义这条路，走得对，走得好。中国特色社会主义是植根于中国大地、反映中国人民意愿、适应中国和时代发展进步要求的科学社会主义。如果说社会主义历经高潮与低潮、成功与挫折的历程，是一部气势恢宏、跌宕起伏的交响乐，那么中国特色社会主义就是这部雄浑交响乐的华彩乐章。

只有社会主义才能救中国，只有中国特色社会主义才能发展中国，这是历史和现实的结论。因此，爱国就是爱社会主义，爱国就是要坚定中国特色社会主义道路自信。当然，中国特色社会主义实践没有完成时，只有进行时。中国特色社会主义是不断发展、不断前进的，需要一代又一代中国共产党人带领人民接续奋斗。习近平总书记指出："坚持和发展中国特色社会主义是一篇大文章，邓小平同志为它确定了基本思路和基本原则，以江泽民同志为核心的党的第三代中央领导集体、以胡锦涛同志为总书记的党中央在这篇大文章上都写下了精彩的篇章。现在，我们这一代共产党人的任务，就是继续把这篇大文章写下去。"② 这是新一届中央领导集体的庄严承诺。中国特色社会主义是前无古人的伟大事业，前进的道路上不可能一帆风顺。2016 年 11 月 11 日，习近

---

① 中共中央宣传部.习近平总书记系列重要讲话读本.北京：学习出版社，2014：14-15.
② 习近平.习近平谈治国理政.北京：外文出版社，2014：23.

使命与担当：爱国、敬业、诚信、友善 ● ● ●

平总书记在纪念孙中山先生诞辰 150 周年大会上指出："过去，我们照搬过本本，也模仿过别人，有过迷茫，也有过挫折，一次次碰壁、一次次觉醒、一次次实践、一次次突破，最终走出了一条中国特色社会主义成功之路。"[①] 古今中外的历史都告诉我们，世界上没有一个民族能够亦步亦趋走别人的道路实现自己的发展振兴，也没有一种一成不变的道路可以引导所有民族实现发展振兴；一切实现发展振兴的民族，都是找到了适合自己实际的道路的民族。这也是新时代我们把爱国主义同中国特色社会主义道路自信相统一的力量源泉。

三、坚持爱党、爱国、爱社会主义的高度统一

弘扬爱国主义精神，必须坚持爱国和爱党、爱社会主义相统一。习近平总书记指出："我国爱国主义始终围绕着实现民族富强、人民幸福而发展，最终汇流于中国特色社会主义。祖国的命运和党的命运、社会主义的命运是密不可分的。只有坚持爱国和爱党、爱社会主义相统一，爱国主义才是鲜活的、真实的，这是当代中国爱国主义精神最重要的体现。今天我们讲爱国主义，这个道理要经常讲、反复讲。"[②]

爱国和爱党、爱社会主义高度统一于五四运动以来的历史发展逻辑之中，高度统一于实现中华民族伟大复兴的历史实践之中。爱国主义是具体的、现实的，爱国和爱党、爱社会主义的有机统一，也是在历史实践中生成的。鸦片战争以后，中华民族面临亡国灭种的危险，在民族危

[①] 中共中央宣传部.习近平新时代中国特色社会主义思想学习纲要.北京：学习出版社，2019：27-28.

[②] 习近平.大力弘扬伟大爱国主义精神 为实现中国梦提供精神支柱.人民日报，2015-12-31.

第三章　个人层面社会主义核心价值观的时代意蕴

亡时刻，各种力量在激昂的爱国精神鼓舞下试图以救亡图存为目标挽救中华民族于水火之中，但却经历了一次又一次的失败。在历史的大浪淘沙中，中国共产党应运而生，成为担当民族伟大复兴重任的时代先锋和民族脊梁。在新民主主义革命时期，中国共产党带领中国人民前仆后继、英勇斗争，取得新民主主义革命的伟大胜利，建立起人民当家作主的新中国，中国人民终于摆脱了自近代以来长达百年的屈辱史。随后的抗美援朝战争的胜利更是打破了美帝国主义不可战胜的神话，极大地提高了中国的国际地位和国际威望，激发出全国人民的爱国主义热情。在随后的历史进程中，中国共产党又领导中国人民开展社会主义改造、推进中国特色社会主义建设、积极进行社会主义改革和扩大对外开放，把一个贫穷的国家建设得繁荣昌盛，极大地提高了中国的国际地位并使中国成为世界大家庭中不可忽视的重要力量。特别是党的十八大以来，中国特色社会主义进入新时代，全面深化改革取得重大突破，发展理念和发展方式实现了深刻变革，民主法治建设迈出重大步伐，人民生活得到不断改善。在迎来中国共产党诞生一百周年的重要时刻，我国脱贫攻坚取得全面胜利。在这一辉煌的历史实践进程中，充分证明了爱国就是爱中国共产党，没有共产党就没有中国特色社会主义，正如习近平总书记所指出的："中国共产党的领导是中国特色社会主义最本质的特征。没有共产党，就没有新中国，就没有新中国的繁荣富强。坚持中国共产党这一坚强领导核心，是中华民族的命运所系。"[①] 因此，爱国与爱党、爱社会主义是高度统一的。

---

① 习近平. 习近平谈治国理政：第2卷. 北京：外文出版社，2017：18.

使命与担当：爱国、敬业、诚信、友善 ● ● ● ●

我们之所以要坚持爱国与爱党、爱社会主义的高度统一，还在于中国共产党最根本的政治立场是人民立场，人民立场决定了中国共产党的工作根基是人民，从而决定了中国共产党没有自己的特殊利益，充分尊重人民的主体地位，人民对美好生活的向往就是中国共产党的奋斗目标。在新民主主义革命时期，毛泽东指出，看一个人是不是共产党人，就看他是不是站在人民的立场上说话做事。在改革开放之初，邓小平指出，只有心中装着人民群众，党员干部才会关心群众疾苦，倾听群众呼声。只有具有群众立场，才会对群众有感情、对工作有热情、对事业有激情，才会对群众有敬畏、对自己有要求、对组织有忠诚、对事业有担当。在人民群众立场问题上，要旗帜鲜明，毫不含糊。新时代，习近平总书记强调："我们必须始终坚持人民立场，坚持人民主体地位，虚心向人民学习，倾听人民呼声，汲取人民智慧，把人民拥护不拥护、赞成不赞成、高兴不高兴、答应不答应作为衡量一切工作得失的根本标准。"[①] 人民立场是中国共产党的根本政治立场，是马克思主义政党区别于其他政党的显著标志。人民立场决定了中国共产党从来没有自己的特殊利益，把为人民谋福利当作自己的最高价值取向，将全部工作重心聚焦于维护人民群众的利益和诉求，把人民对美好生活的向往当作自己的奋斗目标。中国共产党坚持以人民为中心，把党的历史使命、中国特色社会主义事业与人民群众的幸福感、获得感、认同感、归属感紧密结合在一起，充分体现了中国共产党人民性的底色。在中国革命和建设的

---

① 习近平. 在第十三届全国人民代表大会第一次会议上的讲话. 北京：人民出版社，2018：6.

伟大历史进程中,中国共产党始终站在人民群众一边,始终坚持人民立场,把工作的重心根植于人民群众,维护党同人民群众的血肉联系,把人民群众的利益和要求当作党一切事业的力量源泉。毛泽东曾形象地把党和人民群众的关系比喻为种子和土地:"我们共产党人好比种子,人民好比土地。我们到了一个地方,就要同那里的人民结合起来,在人民中间生根、开花。"① 改革开放之初,邓小平明确指出,社会主义就是要让人民群众看到具体而实在的物质利益,使生活变得好起来。习近平总书记始终把人民对美好生活的向往当作中国共产党人的奋斗目标,他明确指出:"我们一定要始终与人民心心相印、与人民同甘共苦、与人民团结奋斗,夙夜在公,勤勉工作,努力向历史、向人民交出一份合格的答卷。"②

第二节

敬业是个人价值与社会价值统一的现实路径

敬业作为个人层面的核心价值观,有助于个人实现自我人生价值。敬业同时也具有重大的社会价值。实际上,敬业是个人实现自我价值与社会价值相统一在价值层面上的本质要求。人民创造历史,劳动开创未来。

---

① 毛泽东.毛泽东选集:第4卷.2版.北京:人民出版社,1991:1162.
② 习近平.习近平谈治国理政.北京:外文出版社,2014:5.

使命与担当：爱国、敬业、诚信、友善

新时代我们培育和践行社会主义敬业观就是要调动全体社会成员的主体实践力量，提高国家文化软实力，凝聚全社会的精神力量，把个人事业同新时代中国特色社会主义事业融合在一起，为实现中华民族的伟大复兴而共同奋斗。从这一意义上说，敬业就是个人价值与社会价值统一的现实路径。

一、敬业助推中国特色社会主义事业和中国梦的实现

今天我们正在从事建设的中国特色社会主义伟大事业，既是我们每一个人的事业，也是全社会的事业，国家的富强、民族的复兴与我们每一个人的命运息息相关。中华民族伟大复兴的中国梦，既是国家梦、民族梦，也是个人梦。因此，我们个人的事业应该以敬业为基础同这个伟大的事业相联结，才能真正实现个人价值与社会价值的统一。子曰："人能弘道，非道弘人。"如果一项事业因我们个人的加入而变得不平凡，因我们个人的奉献而变得更加高尚，那么个人就在某种意义上完成了"弘道"的使命。随着中国特色社会主义事业不断取得新的成就，作为个人层面的敬业价值观在中国特色社会主义事业中发挥着愈来愈大的作用。"功崇惟志，业广惟勤"，一项事业若要崇高唯有靠志向来提升，一项事业若想宏大唯有靠勤勉来实现。"人生在勤，勤则不匮"的敬业精神和劳动精神，既成就了中华民族五千多年灿烂辉煌的文明，也必将成就新时代中国特色社会主义的伟大事业。中国特色社会主义伟大事业就是由一个个行业、一个个岗位的"砖瓦"筑就的。国家强大了，中国梦实现了，个人价值也就得到了实现。

实际上，任何一个国家和民族的发展和强大都离不开敬业精神。对

第三章　个人层面社会主义核心价值观的时代意蕴

中国来说是如此，对世界上的其他国家也是如此。美国的发展和强大离不开新教伦理所崇尚的"天职观"，它培育了美国人诚信尽职、努力节俭的敬业精神，促进了美国国力的飞速增长；同样，日本人和德国人的严谨认真、忠于职守的敬业精神，也造就了日本和德国一个又一个经济神话。一个国家要想屹立于世界民族之林，在国际竞争中处于优势地位，就必须造就国民的敬业精神。英国道德学家塞缪尔·斯迈尔斯在《品格的力量》一书中曾这样写道："恪尽职守乃是我们民族的一种伟大精神财富，这真是我们民族引以为骄傲的东西。只要这种精神永存，我们这个民族就不会衰落，我们的未来就充满着无限的希望。一旦这种精神消失了，减弱了，或者被贪图享受、自私自利或虚幻的荣耀之心取代了，那么灾难就会降临到我们民族的头上，那我们这个民族离衰败、灭亡的日子也就不远了。"[1] 敬业造就恪尽职守、吃苦耐劳、艰苦奋斗的民族精神和勤业、精业、乐业的社会风气，并带动社会创新和发展，从而会极大促进一个国家经济的发展和国力的强大。反之，如果一个国家和民族丧失了敬业精神，则会必然导致民族衰败和国家灭亡。

从上述意义来讲，敬业就是推动新时代中国特色社会主义事业向前发展和实现中华民族伟大复兴中国梦的实践之基和动力之源。习近平总书记指出："人民创造历史，劳动开创未来。劳动是推动人类社会进步的根本力量。幸福不会从天而降，梦想不会自动成真。实现我们的奋斗目标，开创我们的美好未来，必须紧紧依靠人民、始终为了人民，必须依靠辛勤劳动、诚实劳动、创造性劳动。我们说'空谈误国，实干兴

---

[1] 吴辅佐，刘志兵.社会主义核心价值观十二讲.北京：国防大学出版社，2013：246.

使命与担当：爱国、敬业、诚信、友善 ● ● ●

邦'，实干首先就要脚踏实地劳动。"① 这就要求我们立足本职，埋头苦干。只有实干，国家才能进步，社会才能发展，民生才能改善，中华民族伟大复兴的中国梦才能真正实现。我们是社会主义国家，敬业既是为了个人价值的实现，也意味着个人对国家和社会的奉献。

具体来讲，中国社会主义的伟大事业是由各个不同的具体行业和职业组成的有机统一整体，社会上的每一个人都要通过一定的职业活动来为这个事业服务，这就离不开敬业精神的培育。一方面，敬业精神作为社会主义核心价值观在公民个人层面的基本要求和规范，影响和制约着社会成员的价值取向。人们一旦有了敬业精神，就会对所从事的工作抱有敬重忠诚的态度，富有责任心和使命感，在促进社会和国家的发展中实现自我价值。另一方面，具有强烈敬业精神的人会以主体所形成的思想价值观念来指导自己的实际行为，从而使敬业精神表现在实际行为中。在具体的各项工作中，敬业主体会充分发挥个人的主动性、积极性和创造性，专心致志、尽职尽责地做好自己的事，努力为社会和他人服务。特别是当敬业价值观追随着市场经济发展的脚步，普遍地融入每个公民的职业生活中时，就会形成一股强大的精神动力，推动社会主义各项事业向前发展。这样一来，中华民族伟大复兴的中国梦的实现，就有了一面高扬的精神旗帜，推动着梦想成真，理想变为现实。因此，敬业是实现中国梦的动力之源。

敬业精神可以提升劳动者的综合素质，从而促进社会生产力的大力发展。纵观人类发展史，社会进步的根本要素是生产力的解放和发展，

---

① 习近平. 习近平谈治国理政. 北京：外文出版社，2014：44.

第三章　个人层面社会主义核心价值观的时代意蕴

这一自然历史过程是通过人类创造历史的实践活动实现的,而精神力量在人类生产实践中的作用至关重要。我国正处于改革开放的攻坚阶段,敬业精神是社会改革和经济发展的呼唤。良好的敬业精神能够调动敬业主体的现有能力、潜在能力和创造力,为生产力的发展提供源泉和动力,从而保证社会财富的不断增加。随着员工素质的不断提高,我们的企业就可以做大做强。企业强则国家强,企业兴则国家兴。当前的国际竞争实际上是企业之争。华为等许多中国优秀企业被美国制裁从一个侧面就反映了企业与大国竞争之间的关联。那么,衡量一个优秀企业的标准是什么呢?不同的人会有不同的答案。美国盖洛普公司持续25年时间调研了全球100万人以后得出结论:优秀企业的业绩是由"员工敬业度"带来的。因为敬业的员工能够带来"忠实的客户",正是这些忠实客户的稳定和扩展给企业带来了源源不断的营业收入和利润。任何一个企业都是一个有机联系的整体,只有人人热爱本职工作、兢兢业业,各个工作部门协调运转,才能产生整体效用。相反,如果一个企业纪律松弛、人浮于事,员工对待工作都是一种消极、被动、应付的心态,那么我们很难想象这样的企业会有发展前景,它们在激烈的社会竞争中迟早要被市场所淘汰。很多企业的管理者通常会信奉一个简单的等式,即越少的雇员=越少的费用,而忽视了企业生产率的高低其实取决于每个员工的敬业度。事实上,激励员工对单位做贡献,比降低人力资源成本更为有效。杰克·韦尔奇认为,敬业是我们在这个世界上所能学到的唯一本领。如果员工对工作经常疏忽懈怠,就会成为职场无效率、无反应的"橡皮人"。企业如果存在大量的"橡皮人",就会存在发展隐患,最终

使命与担当：爱国、敬业、诚信、友善

会在日益激烈的竞争中被淘汰。

敬业精神有利于市场经济的完善。经济学诺贝尔奖得主诺思说过："自由市场经济制度本身并不能保证效率，一个有效率的自由市场制度，除了需要一个有效的产权和法律制度相配合之外，还需要在诚实、正直、公正、正义等方面有良好道德的人去操作这个市场。"这就是说，如果一个社会"普遍缺乏道德感和人文关怀意识，普遍缺乏对规律和秩序的尊重，普遍缺乏系统的敬业精神"，那么就存在着"失败基因"，积累到一定程度就会造成市场经济秩序的失调。亚当·斯密在《道德情操论》中也指出："自爱、自律、劳动习惯、诚实、公平、正义感、勇气、谦逊、公共精神以及公共道德规范等，所有这些都是人们在前往市场之前就必须拥有的。"因此，市场经济活动参与者的个体道德素养，为市场经济活动中的行为选择提供了道德基础。基于此，社会主义市场经济的良好运行，仅靠法律法规和经济、行政手段是不够的，只有同市场经济相适应的敬业精神发展起来，市场经济体制才会不断得到完善。特别是在社会主义市场经济的初级阶段，在市场机制、经济法规及相应的法律手段还不健全的情况下，敬业精神的调节和约束作用就显得尤为重要了。广大劳动生产者只有基于自己岗位的坚守，踏踏实实地做好本职工作，才能对自己的每一份劳动成果负责，才能杜绝各种违背职业道德事情的发生。习近平总书记指出："建设社会主义现代化强国的美好蓝图，成果人人有份，责任也人人有份。"[1]

---

① 习近平. 深入学习贯彻党的十九大精神 紧扣新时代要求推动改革发展. 人民日报，2017-12-14.

二、敬业是社会主义文化建设的道德基础

现代敬业精神是市场经济长期发展的必然产物。自给自足的自然经济是以农耕为主要特征的一种经济形态，缺乏现代企业生成的市场经济土壤，因而不可能产生现代意义上的敬业精神。市场经济是以市场机制为基础的一种资源配置方式，它以自主经营、自负盈亏、自我发展和自我约束的企业为主体。市场经济通过职业角色把每一个社会成员紧密地联系在一起，构成一个社会生产系统和社会生活系统的有机整体，它根本不同于传统社会建立在自然经济基础之上的社会经济形态。由于市场经济以企业为主体，并赋予社会成员职业角色，它对每个职业成员都提出了敬业的道德要求。改革开放以来，随着社会主义市场经济的发展，我国非常重视敬业价值观建设。1982年，我国宪法把"爱劳动"规定为一种社会公德和道德规范；1996年，党中央提出加强社会主义精神文明建设，要大力提倡包括"爱岗敬业"等在内的职业道德；2001年，党中央印发的《公民道德建设实施纲要》将"敬业奉献"确定为公民的基本道德规范之一；2012年，党的十八大报告将"敬业"作为社会主义核心价值观的重要内容，规定为个人层面的四大价值准则之一；2018年，我国明确将"社会主义核心价值观"写入宪法，"敬业"正式成为我国宪法所确认的社会主义核心价值观之一；2019年，中共中央、国务院印发《新时代公民道德建设实施纲要》，要求在全社会大力弘扬包括"敬业"在内的社会主义核心价值观。新时代，我国社会主要矛盾已经从人民日益增长的物质文化需要同落后的社会生产之间的矛盾转化

使命与担当：爱国、敬业、诚信、友善

为人民日益增长的美好生活需要同不平衡不充分的发展之间的矛盾，我国社会主要矛盾的重大历史性变化，对社会主义市场经济体制建设产生了广泛而深刻的影响。新时代市场经济体制建设开始从追求经济发展的"体量优势"和"速度优势"向追求经济发展的"质量优势"和"效益优势"转变。这必然对我们国家的每一个从业者提出更高的敬业要求，敬业精神建设由此成为新时代社会主义文化建设的重要组成部分。

新时代社会主义市场经济体制建设需要与之相应的社会主义文化建设来提供内在精神支撑。敬业作为社会主义核心价值观的重要组成部分，它所释放的正能量能够推动社会主义市场经济体制进一步完善和发展。我们知道，敬业精神是良好社会风气的前提。社会主义市场经济有序健康的发展需要良好的社会环境和社会风气，而敬业会使人们形成严谨认真、有条不紊、明达事理而又坚毅顽强、自强不息的性格特质。当一个社会中的大多数公民都敬业的时候，在性格上便会形成类似的优秀品质；当大多数公民的性格都成熟起来之后，相应的淳朴的社会风气便会自然而然形成。如果这种社会风气能够长久加以保持的话，就能够成为更为稳定的民族性格。习近平总书记强调："提高国家文化软实力，要努力夯实国家文化软实力的根基。要坚持走中国特色社会主义文化发展道路，深化文化体制改革，深入开展社会主义核心价值体系学习教育，广泛开展理想信念教育，大力弘扬民族精神和时代精神，推动文化事业全面繁荣、文化产业快速发展。夯实国内文化建设根基，一个很重要的工作就是从思想道德抓起，从社会风气抓起，从每一个人抓起。要继承和弘扬我国人民在长期实践中培育和形成的传统美德，坚持马克思主义道德观、坚持社会主义道德观，在去粗取精、去伪存真的基础上，坚持古为今用、推陈出新，努力实现中华传统美德的创造性转化、创新性发展，引导人们向往和追求讲道德、尊道德、守道德的生活，让13亿人的每一分子都成为传播中华美德、中华文化的主体。"①

中国特色的社会主义文化具有浓郁的民族传统，而一种源远流长的传统文化之所以能够不断延续和发展，自有其深刻的道理。不管人们如何认识和把握它，它都要作为一种历史的积淀和社会意识的潜流渗入社会心理的深层，同人们的生活方式、思维模式、行为标准、道德情操、审美情趣、处世态度以及风俗习惯融为一体，成为人们生下来就濡染其间的精神家园。可见，建设中国特色社会主义文化，必须深深植根于人民群众的历史创造活动，继承和发扬中华优秀传统文化，吸收世界文明成果，形成一种把社会主义先进文化和中华优秀传统文化相结合的全新的社会主义新文化。敬业精神渗透于中国特色社会主义文化建设中，因为敬业精神要求职业劳动者热爱自己所从事的职业，以恭敬的态度、执着的精神对待自己的岗位和事业，自觉地承担起对社会、对他人的责任和义务，以高度的责任感和使命感，为人民提供良好的服务，为社会提供优良的产品。

当前的国际竞争既是国家硬实力的竞争，也是国家软实力的竞争，而且软实力的竞争在国际竞争中越来越处于更加重要的地位。在全球化时代，一个国家的公民是否具有恪尽职守的敬业精神不仅直接影响一个国家的整体国民形象，而且也会影响国家和民族的凝聚力和感召力。敬

---

① 习近平. 习近平谈治国理政. 北京：外文出版社，2014：160.

业精神就是一种团结向上的力量,它激励人们热爱自己的本职工作,无论是清洁工还是工程师,同样都需要付出百倍的努力去做好本职工作。敬业精神会使全社会形成一种职业不分高低贵贱的平等精神和劳动光荣、劳动幸福的优良社会风气,习近平总书记指出:"三百六十行,行行出状元。任何一名劳动者,无论从事的劳动技术含量如何,只要勤于学习、善于实践,在工作上兢兢业业、精益求精,就一定能够造就闪光的人生。""劳动没有高低贵贱之分,任何一份职业都很光荣。"[1] 劳动光荣、劳动幸福的优良社会风气是一种强大的正能量,它能够获得全体人民的认同感、自豪感,凝聚社会各方面的力量,为国家和民族的繁荣昌盛增添无限动力。一个国家如果各行各业的人都爱岗敬业,那么这个国家必然是社会秩序井然、管理高效的。因此,敬业精神的塑造必然有助于提高一个国家文化建设的水平和文化发展的持久力。当前,国家软实力的竞争已经成为国际竞争中的"无声战场",培育和践行中国特色社会主义敬业观必将有利于全社会公民道德水平的提升,促进国家软实力的增强,从而有效地抵御外来不良文化的入侵。

三、敬业是社会和谐发展的道德基础

敬业不仅能彰显公民个人的主体价值,而且具有伟大而崇高的社会价值,它是促进社会经济发展的重要力量,是社会主义文化建设的重要内容,更是促进社会主义社会和谐发展的道德基础。一般来说,和谐包

---

[1] 习近平. 在知识分子、劳动模范、青年代表座谈会上的讲话. 北京:人民出版社,2016:8-9.

括自我和谐、社会和谐、人与自然的和谐等三个层面。其中，个人的自我和谐是其他层面和谐的前提与基础。我们这里谈的和谐主要是社会层面的和谐，它与个人日常生活密切相关，包括家庭生活的和谐、职业生活的和谐与社会公共生活的和谐等三个基本领域。其中，职业生活的和谐是重要组成部分，因为职业生活的和谐状况会影响个体日常生活质量。除了社会职业身份以外，我们在日常生活中还承担着家庭生活的相关角色，或者是父母，或者是子女。这些家庭角色意味着相应的家庭责任和家庭义务。作为子女，我们要赡养老人；作为父母，我们要养育子女。在这种不可回避的人生天职里，如果我们能够做到让老人老有所养、子女幼有所教，实质上也是一种敬业。家庭和谐既是社会和谐的前提，又是社会和谐的结果，二者是不可分割的。一方面，没有家庭和谐，社会和谐也就无从谈起；另一方面，没有社会和谐，家庭和谐也就成了一句空话。家庭和谐在现实生活中必须建立在一定经济基础之上，我们必须有经济来源才能履行家庭责任和家庭义务，而这又依赖于良好稳定的社会职业活动，而在社会职业活动中起关键作用的又是职业价值观与职业精神。一个具有高尚职业精神的人，就会有较强的职业荣誉感和责任感，能够高质量完成工作，从而带来稳定的职业生活和收入来源，进而带动家庭和谐和社会交往朝积极方向发展。当众多个体职业劳动者都能达到这个标准与程度，便会推动全社会和谐发展。这就实现了《汉书》里所说的"各安其居而乐其业"的社会和谐局面。

古希腊哲学家柏拉图认为公正即和谐，正义是个人和国家的"善德"。城邦的正义体现为不同阶层的人们各司其职、尽展其能所形成的

使命与担当：爱国、敬业、诚信、友善

秩序，"我们必须劝导守卫者及其辅助者，竭力尽责，做好自己的工作。也劝导其他的人，让大家和他们一样。这样一来，整个国家将得到非常和谐的发展，各个阶级将得到自然赋予他们的那一份幸福"[1]。柏拉图告诉我们这样一个道理：城邦的正义体现为不同阶层的人们各司其职、尽展其能所形成的秩序。也就是说在一个国家和社会中，只有大家都各安其位、各守其职、各守其序，尽职尽责地做好各自的工作，这个国家和社会才能达到正义与和谐。在社会生活中，和谐社会的建构需要每个社会成员在各自岗位上勤勉工作，把自己的那份工作尽职尽责地做好。公务员廉洁奉公、法官秉公执法、军人保家卫国、商人诚信经营、教师教书育人、医生救死扶伤、科技人员发明创造……唯有社会成员各守其道，各司其职，各尽其责，才能形成正义良善的和谐社会。社会主义和谐社会是民主法治、公平正义、诚信友爱、充满活力、安定有序、人与自然和谐相处的社会，如果我们把和谐社会理解为社会诸要素的融洽整合与协调发展，那么，构建和谐社会的关键就在于合理有序地规范和协调社会诸要素的关系，尤其要合理、有效地化解各种社会矛盾和冲突。因此，社会和谐就离不开全体公民素质的提高。从全面提高公民素质的角度来看，敬业也有重要的社会现实意义。

总之，社会和谐是社会进步和发展的前提，而社会和谐离不开全体社会成员认认真真、尽职尽责的敬业精神的培育。敬业精神是职业精神的首要内涵，是通向职场的"绿卡"，是职业道德和优秀品格的集中体现。爱岗敬业是一种奉献精神，在我们构建社会主义和谐社会的过程

---

[1] 柏拉图．理想国．北京：商务印书馆，1986：136.

第三章 个人层面社会主义核心价值观的时代意蕴

中,加强职业道德建设,提倡爱岗敬业精神,具有极强的现实意义。只有爱岗敬业的人,才会在自己的工作岗位上勤勤恳恳,不断地钻研学习,一丝不苟,精益求精,才有可能为社会和国家做出极大的贡献。工作本身没有贵贱之分,但是对工作的态度却有好坏之别,只有那些爱岗敬业的人,才能将工作当成自己的事,尽职尽责,认真负责,一丝不苟,善始善终,努力使自己不断进步。敬业就是忠诚于自己的工作。一个将自己所在的单位视为自己的家,并尽职尽责完成工作的人,终将会拥有自己的事业。反之,轻视自己的职业,抱怨太多,心态消极,将会不思进取,也不会取得真正的成就。只有每个人都忠于自己的工作,在企业和社会中才会形成一种同舟共济的和谐氛围,这种氛围反过来又会促进每一个人事业的成功和人生的完满。因此,在现实生活中,社会主义和谐社会的构建就需要每个公民在各自岗位上勤勉工作,保持良好的工作态度,在岗言岗、在岗爱岗、在岗为岗,做到心无旁骛、专心致志、埋头苦干、积极奋进。习近平总书记指出:"三百六十行,行行出状元。任何一名劳动者,要想在百舸争流、千帆竞发的洪流中勇立潮头,在不进则退、不强则弱的竞争中赢得优势,在报效祖国、服务人民的人生中有所作为,就要孜孜不倦学习、勤勉奋发干事。一切劳动者,只要肯学肯干肯钻研,练就一身真本领,掌握一手好技术,就能立足岗位成长成才,就都能在劳动中发现广阔的天地,在劳动中体现价值、展现风采、感受快乐。"[①]

[①] 习近平. 在庆祝"五一"国际劳动节暨表彰全国劳动模范和先进工作者大会上的讲话. 北京:人民出版社,2015:10.

使命与担当：爱国、敬业、诚信、友善

第三节

诚信是新时代国家治理的价值准则

党的十九届四中全会审议通过的《中共中央关于坚持和完善中国特色社会主义制度 推进国家治理体系和治理能力现代化若干重大问题的决定》提出，要完善诚信建设长效机制，健全覆盖全社会的征信体系，加强失信惩戒。党的二十大报告提出，为了构建高水平社会主义市场经济体制，要完善社会信用等市场经济基础制度，并要求"弘扬诚信文化，健全诚信建设长效机制"[①]。而构建新的诚信秩序是积极推进国家治理体系和治理能力现代化的重大举措，是推进社会建设、完善社会主义市场经济体制、加强法治社会建设的重要手段。

一、诚信是社会的价值准则

从个人角度看，诚信与道德相关，它是美德的表现；从社会整体角度看，诚信与伦理相关，它是规范人与社会、人与人之间关系的伦理准则。"诚"多表现为个人的内在道德，"信"多表现为社会的伦理准则。

---

① 习近平．高举中国特色社会主义伟大旗帜 为全面建设社会主义现代化国家而团结奋斗．北京：人民出版社，2022：45．

第三章 个人层面社会主义核心价值观的时代意蕴

中国社会自古就对诚信有着高度的评价,曾将其纳入"五常"之中。每个公民都是社会的细胞,只有每个公民都讲诚信,社会才能真正成为诚信有机体。因此诚信是公民立足社会最可贵的品质,同时也是一个社会最宝贵的资源。

公民诚信是改善我国公民道德现况的首要步骤。在现代社会,由于信息网络与通信技术的普及与飞速发展,任何一个个体行为,都可能引发社会舆论甚至会对道德观和价值观造成巨大影响。2006年发生在南京的彭宇案虽然以和解撤诉告终,但其影响已经远远超出彭宇与老太太的个人诚信道德的范围,反映了公众对社会道德缺失、诚信危机的担忧。更为重要的是,以各类人际关系为基础的现代社会,在人与人之间不再以诚相待之后,必将出现种种其他方面的问题。所以树立正确的诚信观,使诚信深入民心将是改善我国公民道德现况的重要目标。人无信不立,业无信不兴,国无信则衰。诚信,是一种品格,是一个人安身立命之本。2014年10月15日,习近平在文艺工作座谈会上发表讲话指出:"中华民族在长期实践中培育和形成了独特的思想理念和道德规范,有崇仁爱、重民本、守诚信、讲辩证、尚和合、求大同等思想,有自强不息、敬业乐群、扶正扬善、扶危济困、见义勇为、孝老爱亲等传统美德。中华优秀传统文化中很多思想理念和道德规范,不论过去还是现在,都有其永不褪色的价值。"[1] 公民诚信与社会主义精神文明建设密切相关。精神文明建设是与物质文明建设并行的。物质虽然是一切文化、文明的基础,但人们对精神层面的追求是更高层次的需要。人的自

---

[1] 中共中央文献研究室. 十八大以来重要文献选编:中. 北京:中央文献出版社,2016:136.

使命与担当：爱国、敬业、诚信、友善

身发展、人与人的关系、人与社会的关系、人与国家和政治的关系都属于精神文明的范畴。诚信作为公民道德的基本规范，自然属于精神文明之列，而且在其中处于核心地位。因为社会主义精神文明建设必须从思想道德和人的素质入手，引导人们树立正确的人生观和价值观。同时，以诚信为核心的精神文明建设还可以抵制一系列腐朽思想，诸如个人主义、拜金主义、享乐主义等。精神文明建设中诚信缺失的现象具有极大的危害性。诚信的缺失意味着道德的沦丧，而这将会导致德性的缺失和文明的匮乏，处于此种境遇当中的人们，每天都活在"他者的地狱"当中，过着互不信任、彼此猜忌的生活，这无疑会给个人的发展和社会的发展带来巨大的障碍。也就是说，诚信的缺失不仅影响到社会主义物质文明建设的健康发展，还影响到社会主义精神文明建设的顺利进行，最终影响到整个民族的繁荣复兴。

正是出于这样的考虑，我们才把诚信这一个人层面的价值准则放在了精神文明建设的核心地位。诚信是社会主义物质文明建设的道德基础，对物质文明的呼唤就是对精神文明的呼唤，同时也是对政治文明和科学文明的呼唤。诚信作为精神文明建设中的核心必然要融入物质文明、政治文明和科学文明的建设中。虽然诚信在本质上属于精神文明的内容，但精神需要物质载体，也需要展示自身的舞台，而物质文明和科学文明则可以满足这种要求。由于诚信的道德意义在精神文明建设中十分重要，而道德又是一切个人活动所应遵守的准则，因此无论是人们对于物质的创造和追求，还是对科学真理的探索与实践，都与诚信有着千丝万缕的联系。诚信由此可以说是社会主义精神文明建设的重中之重。

第三章　个人层面社会主义核心价值观的时代意蕴

诚信也是社会最基本的道德规范。习近平总书记在谈诚信时讲道，"言必信，行必果"，"一言为重百金轻"。诚信意味着人们的一言一行都要真实无欺，它指导个人在行事时要保持慎独的心态。因此诚信是教人成为人、如何成为人、成为怎样的人的标准，它是个体道德品格的体现。我们要建设社会主义物质文明，必须加强社会主义精神文明的建设，诚信则正是处于其中最核心的位置。现代国家的每一个人都不是孤立的个体，他一定会与家庭、职业和社会处于立体交叉的复杂关系中，因而每个人都必须具备三方面的道德品质，即家庭美德、职业道德和社会公德。每个公民只有诚信为人、诚信处事才能成就既秉承优良传统又具备现代特质的道德品格，才能健全他的家庭美德、职业道德和社会公德。因此，诚信是做人立世的基础，是公民道德素质的基本要求。

诚信是新时代中国特色社会主义事业的公民价值准则，它对公民的道德要求既要从主观方面来考虑，也要从客观方面来考虑，也就是说，作为公民的个人既要在社会当中严格遵守诚信的道德规范，又要在内心深处具备对诚信观念的深切体悟。中华优秀传统文化主要强调诚信的主观修养方面，即主要强调反省内求，从人的主体出发，由己及人，孔子所言"己欲立而立人，己欲达而达人"就是最好的证明。相比之下，现代社会则更多地从整体和社会的角度出发强调诚信的客观方面，即诚信要普遍适用于每一个处于社会关系中的个体，无论每个人在主观上是否真正意识到诚信的道德意义，在现实生活中都要严格遵循诚信的道德要求。因此，不为一己之私而置诚信于不顾，树立正确诚信观，追求完美人格则成为当今社会对每一个公民的要求。诚信作为一种为人处世的基本准则，它要求每个人都做到言而有信，说实话、办实事，做诚恳守信之人，说一是一，说二是二，不浮夸，不做作，不投机取巧。在新时代，诚信道德规范也是一种实事求是的体现，实事求是不仅是诚信道德要求的思想前提，也是诚信道德观念中最为重要的思想内涵，这就把公民诚信建设与党的思想路线紧密结合起来。因此，我们把诚信思想纳入社会主义核心价值观，努力培养公民的道德责任感，把个人道德建设与爱党、爱国、爱人民、爱社会主义紧密结合起来。

二、诚信是完善社会主义市场经济体制的价值准则

诚信是市场经济的内在要求。市场经济是社会进步发展的产物，它建立在信用和契约的基础之上。换言之，市场经济是建立在诚信原则基础之上的信用经济。随着市场经济的逐步发展，商品生产量已经趋于饱和，供过于求的局面导致市场竞争的加剧，市场已经由卖方市场进入买方市场。在买方决定市场的经济环境中，卖方只有进一步扩大消费需要，才能使生产出的商品进入消费环节。相反，买方的消费需要则受到即时有效购买力的制约，卖方为了解决这种矛盾发明了在流通领域中运用"分期付款""商品赊销""信用卡"等支付模式，从而使现行的市场经济逐步衍生出契约经济模式，信用在其中扮演了非常重要的角色。特别是在全球化信息爆炸的当代社会，信用更是几乎成为信息经济的灵魂。市场经济不能没有信用，因为信用可以减少市场交易成本。在全流通的市场经济体制中，无论买方还是卖方都要求具有较高的信用度，信用已经成为市场交易和经济合作得以顺利完成的必要条件。而原始的无

第三章 个人层面社会主义核心价值观的时代意蕴

信用模式的交易方式几乎已经完全无法适应全球经济一体化、电子信息飞速发展的当代市场经济社会。由此，日裔美籍学者福山认为，当代社会可分为高信任社会和低信任社会。在高信任社会，人与人之间关系和谐、彼此信任，有较高的社会合作意识和公益精神，信用度高、社会交易成本低是它的特点。相反，在低信任社会，人与人之间关系冷漠、彼此提防，相互间在培养信任关系方面有较高的难度和风险，社会交易的成本相对偏高。对比两者，我们可以清楚地看出，低信任社会在市场经济的竞争中处于劣势，所以我们提倡以诚信原则为基础的社会主义市场经济，它有助于建构起新型和谐的社会人际关系和社会信用体系，从而会产生出新的经济伦理关系。因此，诚信必然成为完善社会主义市场经济体制的重要价值准则。

当前，对于与社会主义市场经济建设同步的市场道德建设，人们还存在着一些理解上的偏差。因为在一些人看来，计划经济强调整体利益最大化，有些人有意或无意地就把与之相对的市场经济曲解为一切以个人利益为依归。对市场经济道德问题上的曲解，必然会导致一部分人以损人利己为荣，为发财致富而不择手段，这种失信行为必然导致市场信用机制的失灵。

为什么失信行为能在市场经济体制下存活？首先，从利益获取方看，唯利是图和急于致富的心理导致行为短期化。人们在追求快速获利的过程中只注重眼前的直接利益，而无视使市场经济得以可能的诚信基础。其次，从外部信用制度建设方面来看，失信惩戒制度的缺失使失信方得不到应有的惩罚。制度与法律的漏洞，以及有法不依、执法不严等

使命与担当：爱国、敬业、诚信、友善

问题的存在，在客观上助长了不讲信用的不良风气。最后，有些地方和一些行业，由于行政垄断和地方保护色彩浓重，现代市场运作机制不能完全发挥作用，从而片面扩大了市场经济的趋利性质。这些状况必然会危及社会主义市场经济体制的进一步完善和发展。

社会呼唤诚信良知，建构社会主义诚信道德规范已经成为社会主义市场经济建设亟待解决的现实问题。2016年3月4日，习近平总书记在看望参加政协会议的民建工商联委员并参加联组讨论时发表讲话指出："公有制企业也好，非公有制企业也好，各类企业都要把守法诚信作为安身立命之本，依法经营、依法治企、依法维权。法律底线不能破，偷税漏税、走私贩私、制假贩假等违法的事情坚决不做，偷工减料、缺斤短两、质次价高的亏心事坚决不做。"[①] 因此，一个真正健全的市场经济体系，经济发展应该是与诚信建设并行而不是相背而行的。无序的市场不可能维系持久的繁荣，不讲信用的短期行为只可能获得一时的利益，但终究会以损害长远利益为代价。如今，许多地方和企业已经认识到，在决定成败的竞争中，除企业的知名度外，产品的美誉度将是决定企业生存发展的关键。诚实守信所带来的信誉随着不断的积累将会升华为美誉。信誉和美誉作为企业的核心竞争力之一，蕴含着丰富的文化内涵，它是企业的身份和产品质量标签，是企业产生极大效益的无形资产。一方面，信誉是人类道德文明进步所带来的客观成果，它是市场经济条件下伦理和道德的标准；另一方面，信誉又是一个企业、一个地方乃至一个国家的无形资源和精神财富，它是一种具有"魔力"的资

---

① 习近平．习近平谈治国理政：第2卷．北京：外文出版社，2017：265．

本，会为拥有它的群体带来巨大的精神财富和物质财富。英国著名社会学家吉登斯认为现代社会本质上是一种信任社会，因此社会现代化程度越高，人们的社会活动或社会关系越复杂，诚信也就越重要。

诚信是企业生存发展的基石，也反映了市场体系发育的成熟程度和整个社会的文明程度。2020年7月21日，习近平总书记在企业家座谈会上指出："企业家要做诚信守法的表率，带动全社会道德素质和文明程度提升。"[①]诚信是构建社会主义市场规则的基础。市场经济以获取最大化利益为目的，它一方面从利益层面刺激了利益创造者的生产和经营的积极性，另一方面也调动了社会财富的重新分配。但资本唯利是图的天性又会驱使市场的各个参与者并不按诚信规则行事，这种巨大的无序力量冲击着传统道德的堤坝，甚至将人与人的关系变成赤裸裸的金钱关系，从而诱发市场主体产生不正当竞争行为，导致缺斤短两、坑蒙拐骗、假冒伪劣、欺行霸市等现象的产生。因此，构建以诚信为主要内容的社会主义市场规则，就成为规范市场行为、保证社会主义市场经济正常运行的前提。诚信观念是市场经济和企业核心竞争力的重要组成部分。在市场经济中，企业是主体，因此，市场经济中的诚信观应具体化到企业中，引导企业形成诚信经商、以义取利、靠信求财的市场经营模式，这是企业公信力、美誉度建构的重要内容。实践证明，凡是讲求诚信的企业，都能够在市场竞争中获得生存和发展，反之则被市场淘汰。有些企业始终遵循诚信的市场规则，在消费者群体中赢得了优良的市场信誉，从而转化为更高的市场占有率。相反，个别企业却因为不重视诚

[①] 习近平. 习近平在企业家座谈会上的讲话. 人民日报，2020-07-22.

信而使百年老店毁于一旦，几代人的努力付诸东流。由此看来，诚信经营理念和行为是企业发展壮大、立于不败之地的重要保证。

个人无信不立，市场无信则乱。为此，我们必须在社会主义市场经济建设中加强诚实守信的道德意识，使人们知晓诚信与市场秩序的关系，为建立健康有序的信用经济打好基础。同时，我们还要加强以信用制度为基础的经济管理制度建设，为社会主义市场经济的正常运转提供政策上的保证。市场经济既是信用经济，也必然是法制经济。我们要善于运用法律的武器，同各种破坏信用的违法乃至犯罪行为进行坚决的斗争，必须依法严厉打击制假售假、偷税漏税、经济欺诈、恶意逃避债务的行为，着力规范市场秩序，努力维护社会主义市场经济的健康发展。市场经济与诚信具有内在统一性，也就是说市场经济的内在运行机制蕴含着诚信。诚信是市场经济的基础，在更深层的意义上，诚信是市场经济运行的内在要求和动力。

三、诚信是法治社会建设的坚定基石

法律必须获得道德的支持才有生机，诚信原则就是法律之下的道德底线，诚信原则可以软化和缓解法律的刚性。任何法律的制定都离不开一定的道德基础，否则将导致与社会价值的冲突，并丧失其本真的意义而成为无用的法律。因此，诚信与法律的关系是十分紧密的，可以说诚信是法治社会建设的坚定基石，法律是文明社会中诚信的外在表现。法律有信则会强化人们对法律的信仰，反之，法律无信，立法、执法皆背法而行，法制因信用危机必然会崩塌。所以，我们应当认识到，诚信是

第三章 个人层面社会主义核心价值观的时代意蕴

法律的灵魂，也是社会公正的基石。

首先，我们要以诚信原则立法。立法又称为法的创制、法的制定，指享有立法权的国家机关或经授权的国家机关在法律规定的职权范围内，依照法定程序，制定、补充、修改和废止法律和其他规范性文件以及认可法律的一项专门活动，是将一定阶级的意志上升为国家意志的活动。诚信是与社会实践联系最紧密的道德原则之一，儒家思想更是把诚信纳入"五常"，使其成为中国传统价值系统中最核心的因素之一。立法的基础是契约关系，从现代信用的角度看，个人自由就是契约自由，即人们把一部分权力让渡出来，从而形成一个每个人都可遵守的法则。由于权力是个人自愿让渡的，所以他在法律的框架内是自由的，而且在这种自由的前提下，人人都是平等的，因此自由的主体是契约关系得以成立的基础，是契约自由原则得以成立的前提。从哲学的层面上讲，人的更深层面的真正自由来自自律，即自己规定自己才是真正的自由。这里有一个由外而内、由形而下到形而上的追溯。由此，我们可以把立法诚信的意义界定为：在立法的指导思想、基本原则和各个环节中要以诚信为基石，以确保制定的法律最大限度地维护最广大人民的根本利益，从而确保立法的质量和可信度。以诚信为基础的立法可以为培育出具有更高道德信念的公民创造优良的社会环境，促进公民道德信念的提高和社会的进步，立法成果的意义就在于此。所以，我们必须重视诚信在立法中的巨大作用。当然，鉴于立法的严肃性及重要性，并非每一个社会公民和团体都能参与到立法中来，只有那些被宪法赋予立法权的主体才可以。所以，立法主体不应把个人的意志强加到整个立法活动中，这就要

使命与担当：爱国、敬业、诚信、友善

求立法者必须从社会多数人的最大利益出发来制定法律，这本身就是一种诚信的表征。马克思对此有一个十分恰当的比喻："立法者应该把自己看作一个自然科学家。他不是在创造法律，不是在发明法律，而仅仅是在表述法律，他用有意识的实在法把精神关系的内在规律表现出来。"[1]因此，立法一定要体现人民的意志，诚信在立法中表现为立法者真实地考虑所立法律与最广大人民群众的切身利益是否相符。

其次，我们要关注司法诚信。司法，又称法的适用，通常指国家司法机关及其司法人员依据法定职权和法定程序行使司法权、运用法律处理案件的专门活动，司法是国家运用法律调整社会关系、维护社会秩序的重要方式。在中国，人民法院与人民检察院是代表国家行使司法权的专门机构。司法是履行人民意愿的主要方式和手段，是贯彻落实党和国家方针、政策的可靠保障，是社会进步经济发展的根本需要。司法诚信具体是指人民法院与人民检察院等司法机关在履行司法程序和执行司法内容时要严格按照法律规定的权责办事。人民法院与人民检察院不是普通的国家机构，它们代表着正义，肩负着党和政府赋予的神圣职责。因此司法工作人员的职业道德与文化素质事关司法公正与社会正义。恰恰这两方面是体现司法人员诚信的具体表现，所以司法诚信的形成有赖于司法人员内心的诚信道德信念。

司法诚信是道德规范和法律一体化的表现，它既具有法律调节的功能又具有道德调节的功能。因此，司法中的诚信原则是法律制度的本质特征，是司法得以存在的根本保障。法制的任何一个环节失信，都将导

---

[1] 马克思，恩格斯．马克思恩格斯全集：第1卷．2版．北京：人民出版社，1995：347.

致整个法制系统的失信。所以，失去了诚信的司法不仅将失去自身存在的道德基础和发展根基，而且将对立法内容造成巨大的冲击。

司法诚信具体体现在：第一，公民在法律面前一律平等。法律面前人人平等并不是一个理想、一句口号，它是诚信在司法层面最真切的体现。法律面前人人平等还表现在对当事人在适用的法律上一律平等，即对一切诉讼的当事人的民族、种族、性别、职业、社会出身、宗教信仰、受教育程度、财产等不做区别对待。对于法律体系下的每个人而言，任何个人都应无例外地遵守法律，同时享受法律规定的权利，履行法律规定的义务。因此，一切当事人的合法权利都应当受到法律保护，一切当事人的违法行为都应当受到法律制裁。只有做到上述两点，才可以说法律面前人人平等。第二，法律裁定者即法官必须诚信。法官处于司法程序中的重要位置，其自身必须遵行诚信原则，这不仅是司法诚信的需要，更是社会普遍诚信得以建立的必要环节。公正是法治的最终目的。从执行司法程序方面讲，法官的诚信则是司法公正得以实现的首要条件。但是法官本人也处于一个关系复杂的社会网络之中，人际关系的复杂性和人情世故的影响在不同程度上可能会导致法官在案件审判过程中有失公允。法官诚信的缺失，必然导致司法公信力的丧失，其影响力和影响面是非常巨大的，并且会造成失信这一不良社会现象的广泛传播，甚至造成人与人之间的各种对立。因此法官具有诚信观念并且遵守诚信原则不仅会提高司法诚信的程度，更会促进社会的和谐与发展。

最后，我们还要培育执法诚信。执法诚信指执法机关在执法过程中应当遵循诚信原则。诚信是时代的要求，同时也是依法行政的内在要

使命与担当：爱国、敬业、诚信、友善 ● · ·

求。保障执法诚信主要应从以下四点入手：第一，加强和完善执法监督机制。执法诚信的实现在很大程度上要依赖于监督机制作为其有力后盾。一方面，加强执法监督的内部监督制度，要求首先确保执法监督不与领导权相关联，从而保证监督权的独立性。在完善监督方式上，应提高具有执法监督权一方的诚信意识和执法能力，防止监督权力的滥用，同时也要制定专门的监督法律、法规，将执法监督纳入法律轨道，形成科学、合理、完善的监督体系。另一方面，加强并完善执法监督的外部监督制度。加强国家权力机关的监督，保障国家权力机关独立负责行使监督权，充分发挥权力机关对政府的监督作用。另外，加强公众的直接监督，增加政府行为的透明度，使民众对行政程序有知情权和监督权，这也是加强执法监督的重要组成部分。第二，明确执法机关的权责分布。我国现行法律、法规有关执法机关职责权限的规定在某些领域或方面存在交叉现象，这可能导致执法机关之间在某些具体问题上相互推诿等现象。为了解决由此引起的矛盾，必须规定在职权交叉或管辖权不明的情况下，执法机关之间进行公务协作的义务和责任。对于执法机关相互推诿的，应当追究这些执法机关的责任，从而迫使其主动履行职责，积极主动解决问题。第三，政务公开。政务公开是社会诚信建设的重要方面，由此可提高执法的透明度。执法过程中产生不公、腐败现象的一个根本原因在于执法过程严重封闭、不透明，这一现象既不利于执法的外部监督，也不利于执法的内部自律。因此，改善执法的透明度将会提高公正性，进而减少执法中存在的不诚信问题。这就要求执法机关在执行法律之前必须向当事人说明行为的理由及法律依据，并应当给予当事人申辩

第三章　个人层面社会主义核心价值观的时代意蕴

或陈述意见的机会。同时，对于可能严重损害公民、组织合法权益的执法行为，应当给予严厉的处罚。最重要的是执法结果必须公开，并应当允许公众查阅。第四，完善强制执法与处罚的法律、法规。中国现阶段的相关行政强制措施的立法还有所欠缺，从而一方面导致部分执法人员不敢放手去执法，另一方面导致强制权被滥用，使得公民、法人或其他组织的合法权益受到侵害。除此之外，由于行政处罚机制相对分散，导致无法根据行政违法行为的社会危害性施以相应的处罚。因此，国家的当务之急是要制定相关行政强制措施的法律法规，并且完善其体系，在此基础上对行政处罚机制进行必要的改革，将现行分散制与统一制结合使用，进而提高行政处罚在预防、惩治行政违法行为中的效率。

第四节

友善是和谐社会的润滑剂

友善是人类社会大家庭求得共同生存和发展的必要前提。虽然人类的生存和发展在最基础的意义上离不开物质生活资料的满足，但人类社会更需要一种团结友善、互帮互助精神理念的价值支撑。人的社会性本质使得对善的追求成为人类文明进步的灯塔。历史和现实表明，丧失友善理念的支撑，人类不可能构建出一个文明和谐的社会。反之，一个和

使命与担当：爱国、敬业、诚信、友善

谐的社会必然以社会成员之间的友善相处、团结互助为表征。

一、友善有利于市场经济的健康发展

新时代中国特色社会主义市场经济已经取得了巨大成就，但在市场经济运行过程中，竞争压力的加大，不可避免地带来人际关系的紧张，各种社会矛盾时有发生。

我们知道，市场经济把经济行为的主体界定为"经济人"，这就是著名的"经济人假设"。经济人以逐利为特征，只在乎经济利益或者说物质利益，对社会道德漠不关心，从而造成社会的冷漠和不友善现象。这些不友善的现象可以归纳为以下几个方面：一是过分追逐个人私利。合理的利益追求有利于调动人们的生产工作积极性，有利于促进经济社会的进步。但是如果把个人私利当作一切行为的标准，必然就会造成人与人关系的冷漠与隔阂。二是有些人缺乏同情心和宽容心。没有同情心就不懂得宽容，就不可能理解他人，也就不会友善待人。三是有些人缺乏公德心，不遵守基本的社会规范，不爱护环境，不善待动物，等等。在这些冷漠的背后，利益是推手。一些人为了追求财富和利益，膨胀的私欲让他们失去了人性中最原本的善良。这些现象说明，一个社会如果缺少了友善，人的精神就会被私欲蛀空，心灵就会被腐蚀，人就成了空有躯体的无本之木，这样的人越多，社会就会变得越来越荒漠化，人与人之间的关系就会越淡漠，整个社会就会变得越冷漠，越没有爱心。这些不友善的现象虽然只是发生在少部分人或部分企业身上，但其对社会的危害却不容小觑。中国有句俗话"一颗老鼠屎坏一锅汤"，极少数人的不友善行为可能会引发大的社会问题，因此，各种不友善的现象必须引起我们的高度重视。

　　社会主义市场经济弘扬友善价值观，就是要通过友善来重塑社会信任和公民对社会的价值认同，保障社会主义市场经济顺利运行。市场经济的经济人假设似乎与友善价值观是背离的，因为经济人崇尚利己主义，而友善价值观崇尚利他主义，二者之间似乎是某种对立的关系。但在事实上，市场经济的竞争建立在公平交换的基础之上，所谓的"逐利"不可能仅仅是单方面的获利，实际上应该是互利的，否则商品交换就不可能发生。因此，在市场经济中，各行为主体之间是平等的关系，相较于以前建立在不平等基础之上的经济形态，市场经济反而是一种更"道德"的经济形式。因为市场经济行为主体之间的关系是平等交换的关系，这种平等关系就为人们之间建立信任友善的合作关系奠定了基础。当然，市场经济并不是说天然就是"道德"的，因为商品交换还要建立在彼此信任的关系之上，市场经济本质上是一种信用经济，如果人与人之间缺乏必要的信任关系，那么市场经济就不可能健康发展和正常运行。在一个正常运转的市场经济体制中，信任是连接人与人、人与社会的重要纽带，也是市场机制健康良性运行的最基本、最重要的前提条件。社会信任是建立在良好的人际关系基础之上的，而良好的人际关系又离不开每一个社会个体的友善行为。如果社会中的不友善行为达到一定的程度，就会破坏社会信任。

　　总之，友善价值观就是要改变人们在彼此竞争中看待他人行为方式和思想观念的视角，引导人们避免把其他人简单地当作社会生活中的对

使命与担当：爱国、敬业、诚信、友善 ● ● ●

手，而应该当作共同生活在这个社会中的伙伴，不要时刻想着要把自我利益最大化，而是要通过友善待人实现彼此之间的共赢。由此一来，友善价值观将会引领人们以开放、包容的心态对待公民之间在生活方式、文化、观点等方面的差异，在社会生活中求同存异。友善价值观将有助于人们用更多的宽容、理解之心填充彼此之间的沟壑，建立和谐的人际关系。在此意义上，友善价值观的培育和践行，为建构社会主义市场经济所必需的信任关系提供了坚实的价值基础。

二、友善有助于建立良好的社会心态

党的二十大报告指出："共同富裕是中国特色社会主义的本质要求，也是一个长期的历史过程。我们坚持把实现人民对美好生活的向往作为现代化建设的出发点和落脚点，着力维护和促进社会公平正义，着力促进全体人民共同富裕，坚决防止两极分化。"[1] 共同富裕是中国式现代化的价值指向，而实现共同富裕的过程则是长期的、艰巨的、复杂的，现阶段我国发展社会主义市场经济则是实现全体人民共同富裕的必经环节。这一历史进程不可避免地会带来一些社会心态的变化，其原因主要是市场经济的竞争机制所造成的贫富差距，以及多元价值观所带来的文化冲突。

社会心态是社会的"晴雨表"和"风向标"。培育良好社会心态、营造新风正气，事关社会主义核心价值体系建设，事关改革发展稳定大

---

[1] 习近平. 高举中国特色社会主义伟大旗帜 为全面建设社会主义现代化国家而团结奋斗. 北京：人民出版社，2022：22.

第三章 个人层面社会主义核心价值观的时代意蕴

局,事关民生福祉和社会的长远发展。当前,经济体制面临深刻变革、社会结构面临深刻调整、利益分配关系更加多样化,人们的心态也更加复杂、思想也更加活跃、价值取向也更加多元化。这必然会造成社会心态的深刻变化,我们有必要通过对友善价值观的积极倡导,培养社会成员形成谦让包容的品格,让人们能够尊重他人、包容差异,对人对事宽容大度,彼此友爱,互谅互让,不斤斤计较,在差异中求和谐,在矛盾中求统一,在发展中求共赢。

友善还有助于增强社会信任感。社会信任感是良好社会心态的重要组成部分。中国社会科学院首部社会心态蓝皮书指出,从总体上看,当代中国人的精神状态显得生机盎然、活力四射。但与此同时,社会信任度正处于低值状态。蓝皮书透露,对北京、上海、广州三市居民的调查结果显示,三市居民总体社会信任属"低度信任"水平。其中,政府机构、公共媒体、公共事业单位或部门等受信任程度较高,仅接近"中度信任"水平;商业行业最低,属"基本不信任"范围。上海和广州两市的社会信任状况略高于北京。三地居民认为广告、房地产行业信任缺失,食品、药品行业信任危机严重。调查显示,虚假广告欺骗现象的严重程度得分为78.3分,属"非常严重"范围;房地产开发和中介、食品行业、药品行业的严重程度得分分别为71.0分、65.4分、64.0分,均属"严重"范围。为什么当人们度过了物质的匮乏期之后,却出现了社会信任危机呢?实际上,对社会信任感的缺乏是对他人,特别是陌生人不信任的一种辐射,人与人之间关系的危机积聚到一定程度就会导致整个社会的信任危机。而友善价值观既是调和人际关系的妙药,也是实

使命与担当：爱国、敬业、诚信、友善 ● ● ●

现人与社会和谐关系的良方。友善价值观有助于人们秉持诚信之德消弭人们心中的隔阂。友善还能通过拉近人们的情感距离使人们对于自己的行为有更强的责任感。

友善还能增强社会成员对道德规范本身的社会认同感，只有当社会成员完全认同自身所处社会的基本道德规范和价值观念时，才会自觉践行这一观念，主动地将这些价值观融入、运用于其参与的社会生活和社会交往中，从而与其他公民之间建立友好和谐的人际关系。友善能增进社会成员之间的彼此信任，进而使自己的人际关系氛围更加和谐，更有助于自身和社会的发展，其后果是使个人对友善规范的践行从被动变为主动，进而上升到自发自觉的理想境界。因此，我们要在社会制度建设之中彰显友善观念。要鼓励公民的团结合作，通过制度建设在公民之间构筑互利互惠的渠道，让所有社会成员共享社会合作体系的成果。要在社会生活各领域、各层面宣传和提倡友善观念，并努力形成友善的社会文化。要发挥社会教育体系和公共媒体的作用，通过对公民互助活动等友善行为的报道和宣传，让人们在社会生活中能够真实感受到倡导友善价值观所带来的人际关系改善和社会温暖，逐步形成一种惩恶扬善的社会风尚，让追求崇高的行为获得社会的肯定和赞扬，使善行得到善报。同时，对于见义勇为或无私帮助他人的友善行为，我们应当提供有力的精神和物质支持，比如建立见义勇为基金、成立道德银行，充分保障道德主体的合理权利。

友善并不是独立的语言符号和概念化的存在，它存在于人们的德性之中，是一种能够对各种社会关系的形成和发展产生重大影响的巨大精神力量和社会力量。一个缺乏友善精神的社会，社会成员之间必定缺乏宽容和理解，在这种社会环境中生活的社会成员是不可能有幸福感可言的。当代社会，我们需要每个人的宽容、理解，以及传递友善和关爱的信息，从而塑造良好的社会心态，共同促进社会的和谐与发展。

三、友善有助于人与自然的和谐共生

社会主义核心价值观所倡导的友善价值观不仅指人与人之间的友善相待，还应包含人对自然的友善，即人与自然的和谐相处。人类社会的发展史实际上也是一部人与自然关系的演变史，人与自然的关系经历了一个从原始的和谐到失衡，再到新的和谐的螺旋式上升过程。

中国传统文化的核心理念就是追求人与自然的和谐，这是中国文化历史传承的主流。中国儒家提倡"天人合一"，人事必须顺应天意，实际是将天之法则转化为人之准则。儒家文化认为只有顺应天理，方能国泰民安。中国道家提出"道法自然"，将"自然"这个概念提升到了形而上的高度。所谓"道法自然"，指的是"道"按照自然法则独立运行，而宇宙万物皆有超越人主观意志的运行规律。老子认为，人只能是"辅万物之自然而不敢为"，即只能顺其自然。4 000多年前的夏朝，就规定春天不准砍伐树木，夏天不准捕鱼，不准捕杀幼兽和获取鸟蛋；3 000多年前的周朝，根据气候节令，严格规定了打猎、捕鸟、捕鱼、砍伐树木、烧荒的时间；2 000多年前的秦朝，禁止春天采集刚刚发芽的植物，禁止捕捉幼小的野兽，禁止毒杀鱼鳖。事实上，中国历朝历代，皆有对环境保护的明确法规与禁令。可见，在中国传统社会中，人们就已经被

使命与担当：爱国、敬业、诚信、友善

要求充分地尊重自然、善待自然、爱护自然。

马克思指出，人的自由全面发展蕴含着人与人、人与自然关系的内在和谐，这是人的发展的最理想的状态，它"作为完成了的自然主义，等于人道主义，而作为完成了的人道主义，等于自然主义，它是人和自然界之间、人和人之间的矛盾的真正解决，是存在和本质、对象化和自我确证、自由和必然、个体和类之间的斗争的真正解决"①。在这种理想的社会发展模式中，"社会是人同自然界的完成了的本质的统一，是自然界的真正复活，是人的实现了的自然主义和自然界的实现了的人道主义"②。在这里，马克思强调人与自然的关系在社会实践基础上实现了真正的统一。恩格斯也曾对人与自然的关系进行了深入研究和大量论述，其基本观点对我们正确认识和处理人与自然的关系具有重要的现实意义。恩格斯明确指出："我们连同我们的肉、血和头脑都是属于自然界和存在于自然界之中的。"③ 随着自然科学的大踏步前进，"我们越来越有可能学会认识并从而控制那些至少是由我们的最常见的生产行为所造成的较远的自然后果。而这种事情发生得越多，人们就越是不仅再次地感觉到，而且也认识到自身和自然界的一体性，那种关于精神和物质、人类和自然、灵魂和肉体之间的对立的荒谬的、反自然的观点，也就越不可能成立了……"④。可见，在恩格斯看来，人不是处于自然的外部，而是自然的产物和组成部分，人类理应像爱护自己一样关爱自然。

---

① 马克思，恩格斯．马克思恩格斯文集：第1卷．北京：人民出版社，2009：185．
② 同①187．
③ 马克思，恩格斯．马克思恩格斯选集：第3卷．3版．北京：人民出版社，2012：998．
④ 同③998－999．

第三章 个人层面社会主义核心价值观的时代意蕴

近代以来,随着人类科技的不断发展,人类逐渐意识到自身能力的强大,从而对大自然萌生了越来越多的诉求和欲望,人类误认为自己完全可以实现对自然的改造和控制,于是不计任何代价地开发和利用自然。对自然的过度索取和破坏,不可避免地造成了触目惊心的环境污染:天空昏暗、空气污浊、污水横流、垃圾围城……,甚至连远在冰天雪地的南极企鹅体内也发现了农药残余。环境污染主要是人为因素造成的。人们在工业生产和日常生活中排放的大量"三废"垃圾,以及某些工业和生活设施突发的意外事故,或者医院未经专门处理的医疗废弃物等均可能对环境造成巨大的污染,甚至引发生态灾难。这时的人们已经忘记了人是自然的产物,人们狂妄地认为自然只不过是人类的附庸,自然的存在只不过是为了满足人类的永无休止的欲望。在这种观念的支配下,人类把自己看作自然的主人,认为可以随意地利用和挥霍自然。人类与自然之间本该存在的相互依存、彼此友善、和谐共生的关系从此不复存在,人类已经演化成了自然界的独裁者。自然界本来是宽厚仁慈的,它一直以友爱的心态、宽厚的胸怀包容着人类,人类从自然中产生,从自然中不断地获得延续种群生命的资源。而人类对自然的征服和改造最终造成了人类与自然关系的日益恶化,自然也开始了对人类的连续不断的可怕的报复。

从洪荒时代到现代文明的新世纪,人类的智慧既创造了经济和文化的奇迹,但也引起了无知和贪婪,人与自然关系的恶化就是其后果之一。在严峻的生态危机面前,实现人与自然的和谐友善发展已经成为全世界的共识。人们渐渐从噩梦中觉醒,认识到只有做到人与自然的和谐

使命与担当：爱国、敬业、诚信、友善

共处，才能真正实现整个人类社会的可持续发展。1972年，以梅多斯为首的一批西方科学家所组成的罗马俱乐部发表了《增长的极限》报告。罗马俱乐部警告，人类正处在历史的转折点上，如果继续遵循过去的发展方式，等待人类的将是全球性的大灾难。我们生活的地球是有限的，地球上的土地资源、不可再生资源以及污染承载能力都存在一个极限。而避免出现灾难性前景的最好方法是限制增长，即"零增长"。尽管该报告的观点过于悲观，提出的解决方案在现实世界中也难以推行，但是它对人与自然关系恶化所造成的人类困境的警告，无疑给人类打了一针清醒剂，并成为20世纪70年代环境保护运动的理论基础。1983年，联合国成立了以挪威首相布伦特兰夫人为首的世界环境与发展委员会，以"可持续发展"为基本纲领，专门研究制订"全球变革日程"。该委员会经过长达4年的研究，在充分论证的基础上写出了《我们共同的未来》的著名报告，正式提出了"可持续发展"的理论和模式。而1992年联合国环境与发展大会通过的《21世纪议程》，更是高度凝聚了当代人对可持续发展理论的认识。可见，人类开始重新关爱自然，开始想和自然重新建立起友善和谐的关系。

人与自然的关系从和谐到失衡，再到人类重建人与自然和谐关系的愿望和憧憬，反映了人类对人与自然关系的新理解、新反思、新态度。马克思曾说过："社会是人同自然界的完成了的本质的统一，是自然界的真正复活"。为了真正实现健康、幸福的生活，实现人类本身的长远发展，人际关系的友善和谐固然非常重要，但追求人与自然的和谐则更为关键。我们应当以友善之心尊重自然、关爱自然，这理应成为人类共同的价值追求和目标取向。

　　当前中国特色社会主义进入新时代，我们只有真正实现了人与人、人与自然的和谐统一，才能真正实现中华民族伟大复兴的中国梦。中国梦从内容上讲不仅包含国家的富强、民族的复兴，也包括一个充满爱的友善的社会，即人与人、人与自然关系的和谐。中国梦是一个包含了"生态文明"的中国梦，生态文明的实现要求人对自然友善。长期以来，很多人已经习惯了乱砍滥伐树木、乱扔垃圾、乱排放污水废水、乱排废气、乱开发土地，其结果是天空布满阴霾、河水臭气熏天、水土流失、土壤沙化、资源枯竭、气候变异、生态失衡，严重威胁人类自身的生存。因此，当代中国的"生态文明"建设的成功，关系中国梦的顺利实现。一个强大的中国，不仅需要人与人关系的和谐，也需要人与自然关系的和谐。在这种背景下，传统的"征服自然、改造自然"的思维模式必须彻底转变，如何善待自然、尊重自然、爱护自然就成为当代中国人必须思考、必须面对的重大课题。正如习近平总书记所指出的那样："生态兴则文明兴，生态衰则文明衰。生态环境是人类生存和发展的根基，生态环境变化直接影响文明兴衰演替。"[①]

[①] 习近平. 推动我国生态文明建设迈上新台阶. 求是，2019（3）.

第四章

个人层面社会主义核心价值观的践行路径

第四章

八大前后社会主义革命和建设的
理论探索

第四章　个人层面社会主义核心价值观的践行路径

"爱国、敬业、诚信、友善"作为个人层面社会主义核心价值观的价值准则和要求，既是对个人的道德要求，也是对个人的实践要求。党的十八大以来，党中央非常重视社会主义核心价值观的践行问题，要求"使社会主义核心价值观融入人们生产生活和精神世界，激励全体人民为夺取中国特色社会主义新胜利而不懈奋斗"①。2019年，中共中央、国务院印发的《新时代公民道德建设实施纲要》明确提出"推动道德实践养成"②，并提出一系列实践举措。在党的二十大报告中，习近平总书记进一步要求"把社会主义核心价值观融入法治建设、融入社会发展、融入日常生活"③。因此，我们在践行个人层面社会主义核心价值观的过程中，必须把教育宣传引导和实践养成结合起来，把"爱国、敬业、诚信、友善"价值观"内化为人们的精神追求，外化为人们的自觉行动"④。

第一节

"生活化"的爱国实践路径

响应时代的召唤和人民的呼声，2019年中共中央、国务院印发的

---

① 关于培育和践行社会主义核心价值观的意见. 北京：人民出版社，2013：5.
② 新时代公民道德建设实施纲要. 北京：人民出版社，2019：15.
③ 习近平. 高举中国特色社会主义伟大旗帜 为全面建设社会主义现代化国家而团结奋斗. 北京：人民出版社，2022：44.
④ 中共中央宣传部. 习近平总书记系列重要讲话读本. 北京：学习出版社，2014：94.

使命与担当：爱国、敬业、诚信、友善

《新时代爱国主义教育实施纲要》把当前爱国主义教育的主要内容界定为：坚持用习近平新时代中国特色社会主义思想武装全党、教育人民，深入开展中国特色社会主义和中国梦教育，深入开展国情教育和形势政策教育，大力弘扬民族精神和时代精神，广泛开展党史、国史、改革开放史教育，传承和弘扬中华优秀传统文化，强化祖国统一和民族团结进步教育，加强国家安全教育和国防教育[①]。对爱国主义教育特别是青少年爱国主义教育提出了具体的践行措施，要求运用多种形式和载体开展新时代爱国主义教育，丰富新时代爱国主义教育的实践载体，营造新时代爱国主义教育的良好氛围，充分发挥社会各方面在新时代爱国主义教育中的积极作用。根据爱国主义的新内涵和时代特点，我们应该积极探索爱国主义教育的新途径，创新爱国主义教育理念，以增强爱国主义教育的时效性和有效性。习近平总书记在党的二十大报告中强调"广泛践行社会主义核心价值观"，"弘扬以伟大建党精神为源头的中国共产党人精神谱系，用好红色资源，深入开展社会主义核心价值观宣传教育，深化爱国主义、集体主义、社会主义教育，着力培养担当民族复兴大任的时代新人"[②]。对培育和践行社会主义核心价值观提出了明确要求。

总体来说，新时代爱国主义教育的实践路径、措施和方法可以大体归结为"宣传引导"和"实践养成"两个方面。当前，"传播"或"宣传"爱国主义的关键在于创新叙事方式，讲好故事；而"实践养成"就是要把爱国主义教育与人们的日常生活紧密联系起来，开展爱国主义教

---

    ① 新时代爱国主义教育实施纲要. 北京：人民出版社，2019：4-9.
    ② 习近平. 高举中国特色社会主义伟大旗帜 为全面建设社会主义现代化国家而团结奋斗. 北京：人民出版社，2022：44.

育实践活动，把爱国教育"融入社会生活，让它的影响像空气一样无所不在、无时不有"①。

一、以理论自信激发爱国情感

理论是行动的先导，思想是前进的旗帜。爱国不是盲目的，爱国之情是个体在思想引领的基础上所产生出来的对祖国最深挚的情感。新时代爱国主义是建立在中国特色社会主义理论自信基础之上的，只有建立在理论自信基础之上的爱国情感才是一种更加基本、更加深层、更加持久的内在力量。正如《新时代爱国主义教育实施纲要》所指出的那样："要高举中国特色社会主义伟大旗帜，广泛开展理想信念教育，用党领导人民进行伟大社会革命的成果说话，用改革开放以来社会主义现代化建设的伟大成就说话，用新时代坚持和发展中国特色社会主义的生动实践说话，用中国特色社会主义制度的优势说话，在历史与现实、国际与国内的对比中，引导人们深刻认识中国共产党为什么'能'、马克思主义为什么'行'、中国特色社会主义为什么'好'，牢记红色政权是从哪里来的、新中国是怎么建立起来的，倍加珍惜我们党开创的中国特色社会主义，不断增强道路自信、理论自信、制度自信、文化自信。"② 因此，新时代的爱国主义必须建立在中国特色社会主义理论自信的基础之上。从这一意义上讲，新时代爱国主义就是一种理性爱国、科学爱国。

一个民族要走在时代前列，就一刻也不能没有理论思维，一刻也不

---

① 中共中央宣传部．习近平总书记系列重要讲话读本．北京：学习出版社，2014：95．
② 新时代爱国主义教育实施纲要．北京：人民出版社，2019：5-6．

使命与担当：爱国、敬业、诚信、友善

能没有正确思想指引。近代以来，为了实现民族独立、人民解放、国家富强，无数仁人志士抛头颅、洒热血、前仆后继、英勇奋斗；各种救国图强运动风起云涌、潮起潮落，太平天国运动、洋务运动、戊戌变法、义和团运动特别是辛亥革命都对实现这一目标起到了积极作用，但都没能完成中华民族救亡图存的民族使命和反帝反封建革命的历史任务，都不能从根本上改变中国半殖民地半封建社会的悲惨命运。在这一时期，各种主义和思潮"你方唱罢我登场"，但都没能解决中国的前途和命运问题。十月革命一声炮响，给中国送来了马克思列宁主义。1921年，在马克思列宁主义同中国工人运动相结合的进程中，中国共产党应运而生。中国共产党的诞生是近现代历史上开天辟地的大事变，是近代以来中国社会进步和革命发展的必然结果，是历史的必然选择、人民的必然选择。自从有了中国共产党，中国革命的面目就焕然一新了。从此以后，爱国主义所追求的国家富强、民族独立和人民幸福的理想也开始同争取社会主义的前途紧密联系在一起。中国共产党团结领导中国人民不怕牺牲、英勇奋斗，实现了民族独立、人民解放和国家繁荣昌盛，引领中国特色社会主义进入新时代。习近平总书记在庆祝中国共产党成立一百周年大会上指出："中国共产党为什么能，中国特色社会主义为什么好，归根到底是因为马克思主义行！"[1] 这是深刻总结近代以来中国历史发展和实践得出的科学结论，也是我们坚定中国特色社会主义理论自信和新时代爱国主义紧密联系起来的根本依据。

加强新时代爱国主义教育，增强理论自信，应该从以下三个方面重

---

[1] 习近平. 习近平谈治国理政：第4卷. 北京：外文出版社，2022：10.

第四章 个人层面社会主义核心价值观的践行路径

点推进：第一，加强马克思主义经典著作和马克思主义中国化经典著作的学习。以马克思、恩格斯、列宁、斯大林为代表的马克思主义经典作家在投身无产阶级革命的过程中创作出了大量优秀的有关社会主义革命和社会主义建设的经典作品，经典作家用铁一般的逻辑论证了资本主义必然灭亡、社会主义必然胜利的历史必然性，这些经典著作中蕴含的丰富的爱国主义思想是新时代爱国主义教育的重要思想来源。以毛泽东、邓小平、江泽民、胡锦涛、习近平等同志为主要代表的中国共产党人在革命、建设、改革的伟大实践中，创造性地把马克思主义普遍原理同中国具体实际相结合，创作出了大量马克思主义中国化经典作品，形成了中国特色社会主义理论。我们要积极组织经典著作的研究和诵读活动，增强新时代中国特色社会主义理论自信，激发全国人民的爱国情感。第二，新时代爱国主义教育要面向全体人民、聚焦青少年，理直气壮地办好学校思想政治理论课。青少年是祖国的未来，是社会主义事业的接班人。青少年的优点是视野开阔、思维活跃、勇于创新，但网络化、信息化时代价值观多元化倾向会极大影响他们的思维模式和信仰追求。因此，要统筹推进大中小幼思想政治理论课一体化建设，促进党史、新中国史、改革开放史、社会主义发展史、中华民族发展史教育进课堂，加强国情教育和形势政策教育，引导青少年在文化自信的基础上树立正确的历史观、民族观、国家观和文化观，抵御以历史虚无主义为代表的各种不良思潮的侵袭。这是强化爱国主义教育、增强理论自信的重要举措。第三，把弘扬中华优秀传统文化同马克思主义立场观点方法结合起来。正如习近平总书记所指出的："我们走中国特色社会主义道路，一

使命与担当：爱国、敬业、诚信、友善

定要推进马克思主义中国化。如果没有中华五千年文明，哪里有什么中国特色？如果不是中国特色，哪有我们今天这么成功的中国特色社会主义道路？"[1] 文化是一个国家和民族的灵魂，中国特色社会主义文化是马克思主义中国化的理论成果，它植根于中华民族5 000多年的优秀文明成果和中国特色社会主义伟大实践。新时代爱国主义所强调的爱国自信，是对中华优秀传统文化和社会主义先进文化融合在一起的中国特色社会主义文化的自信。

总之，以理论自信激发爱国情感，就是通过对中国特色社会主义文化的学习和宣传，引导人们对中华民族共同体的情感认同和身份认同，增强全国人民的民族自豪感和国家主人翁意识，自发唤醒人民心灵深处的爱国主义情怀，汇聚起磅礴的爱国主义精神力量，团结全国各族人民实现中华民族的伟大复兴。

二、爱国宣传生活化

新时代爱国主义教育一方面要从"理论自信"入手，从理性爱国和科学爱国的高度激发全体人民的爱国主义情感，另一方面还要改变传统的灌输式的宣传方式，将爱国主义宣传大众化、生活化。新时代爱国主义面临多重挑战，特别是全球化时代所引发的不同社会制度、文明制度和思维方式的碰撞与竞争，各种社会思潮的涌入和渗透造成了人们在思想观念上的冲突，爱国主义宣传教育面临严峻挑战的同时也对传统的爱国主义宣传教育方式提出了富有时代属性的更高要求。在这一时代大背

---

[1] 习近平．习近平谈治国理政：第4卷．北京：外文出版社，2022：315.

第四章　个人层面社会主义核心价值观的践行路径

景下，习近平总书记长期以来一直要求宣传工作必须提高质量和水平，要"把握好时、度、效，增强吸引力和感染力，让群众爱听爱看、产生共鸣，充分发挥正面宣传鼓舞人、激励人的作用"①。同时，宣传工作还必须要把教育引导群众同服务群众结合起来，"多宣传报道人民群众的伟大奋斗和火热生活，多宣传报道人民群众中涌现出来的先进典型和感人事迹，丰富人民精神世界，增强人民精神力量，满足人民精神需求"②。

新时代爱国主义宣传教育必须改变传统灌输式的以理论讲解和概念推理相结合的方式，"提高正面宣传的质量和水平。要改进文风，创新方式，做好形势宣传、成就宣传、典型宣传、主题宣传，在真实可靠上动脑筋，在可亲可敬上做文章，在入脑入心上下功夫，增强吸引力感染力，让群众爱听爱看、产生共鸣"③，使新时代爱国主义宣传教育"融入社会生活，让它的影响像空气一样无所不在、无时不有"④。新时代爱国主义宣传教育要"改进文风"，转变叙事方式，让所讲的故事能够真正打动和感染群众，从而达到入脑入心和润物细无声的效果。我们只有用生动形象的语言把中国梦的内涵说清楚，才会激发起全国人民的爱国情感，通过自己的具体行动助推中国梦的实现；我们只有通过群众能够接受的话语把中国特色社会主义的发展历史、成就和特色讲明白，深入浅出地把中国特色社会主义的"大道理"讲清楚，人们才会真正把爱

---

① 习近平.习近平谈治国理政：第1卷.2版.北京：外文出版社，2022：155.
② 同①154.
③ 中共中央宣传部.习近平总书记系列重要讲话读本.北京：学习出版社，2014：97-98.
④ 同③95.

使命与担当：爱国、敬业、诚信、友善

党、爱国和爱社会主义结合起来，才会坚定中国特色社会主义的道路自信、理论自信、制度自信和文化自信；我们只有用生动活泼的语言把中华优秀传统文化的历史渊源、发展脉络和基本走向讲清楚，把中国特色社会主义先进文化的独特创造、价值理念和鲜明特色讲明白，人们才会理解中国特色社会主义文化是中华优秀传统文化的延续，才能增强新时代爱国主义情感的培育和文化自信；我们只有用群众喜闻乐见的形式把改革开放的成就、把今天深化改革的必要性讲清楚，人们才会拥护深化改革的战略决策，发扬伟大的爱国主义精神，自觉投身于改革开放的伟大实践中。

我们之所以提倡改进文风，转变叙事方式，是因为我们当前主流价值观教育的话语方式仍然存在许多亟待改善的方面，影响了我们宣传教育工作的实效性。只有选择那些大众容易理解的、朗朗上口的词语，党和国家的执政理念才能得以更好传播。我们要大力推进理论创新，不断赋予社会主义核心价值观鲜明的实践特色、民族特色、时代特色，推动主流价值观的大众化。所谓"大众化"，简单说来就是通俗化。而所谓"通俗化"，指的是用浅显易懂的语言和鲜活生动的事例向普通群众讲解深奥的理论。正像于光远曾经在一篇题为《通俗》的"超短文"中说的那样："通俗者，沟通世俗世界，用现代语言来说，即沟通群众之谓也。离开群众将一事无成。与群众沟通，要写群众能够看得懂的文章，讲群众能够听得懂的道理。"[1]《淮南子·诠言训》中也说："非易不可以治大，非简不可以合众。大乐必易，大礼必简。"只有用简易的形式和

---

[1] 李今山．常青．《大众哲学》．北京：红旗出版社，2002：27．

第四章　个人层面社会主义核心价值观的践行路径

语言才能够把抽象的价值观念展示明白,从而使之内化于心,外化于行。

习近平总书记指出:"不良文风蔓延开来,不仅损害讲话者、为文者自身形象,也降低党的威信,导致干部脱离群众,群众疏远干部,使党的理论和路线方针政策在群众中失去吸引力、感召力、亲和力。"① 因此,对于一个执政党来说,它的语言文字无法吸引群众是件非常危险的事情。实事求是、生动活泼的文风证明一个政党有着旺盛的生命力。我们党作为时代先锋、民族脊梁,必须始终保持过硬的自身素质,这需要全党上下更加自觉地坚定党性原则,清除一切侵蚀党的健康肌体的病毒。

改进文风首先要端正思想态度和工作作风,要坚持实事求是的思想路线,要坚持从群众中来、到群众中去的群众路线,坚持理论联系实际的优良学风。文风不是小事。毛泽东指出:"学风和文风也都是党的作风,都是党风。"② 党风决定着文风,文风体现出党风。我们只有贴近当前改革开放实际,贴近火热的现实生活,贴近广大人民群众,才能讲出符合实际和管用的实话,才能讲出有感而发和明白通俗的真话。正如李瑞环同志所说的那样,"如果把学习与自己熟悉的工作结合起来,拿实践的经验同理论相印证,就容易懂;把基本的观点与具体的形象的东西相联系,印象会比较深刻,就容易记;把书本的东西融入丰富生动的现实生活,干什么就从什么里头学、就在什么里头用,就容易活"③。

---

① 习近平. 努力克服不良文风 积极倡导优良文风. 求是,2010(10).
② 毛泽东. 毛泽东选集:第3卷.2版.北京:人民出版社,1991:812.
③ 李瑞环. 学哲学用哲学. 北京:中国人民大学出版社,2005:13.

使命与担当：爱国、敬业、诚信、友善

我们还要向群众学习语言，和人民群众交谈交心，把群众的创造吸收到文件、讲话和文章中来，使我们的思想和文字体现时代要求，体现群众的诉求。习近平总书记强调，"改进文风，必须从思想和感情深处把人民群众当主人、当先生。群众的思想最鲜活、语言最生动。深入群众，你就来到了智慧的大课堂、语言的大课堂，我们的文件、讲话、文章就可以有的放矢，体现群众意愿，让群众愿意看、看得懂、愿意听、听得进"①。

习近平总书记曾指出，语言的背后是感情、是思想、是知识、是素质。能够打动人的语言一定是情真意切、饱含温度和情感的。毛泽东《在延安文艺座谈会上的讲话》中指出："许多同志爱说'大众化'，但是什么叫做大众化呢？就是我们的文艺工作者的思想感情和工农兵大众的思想感情打成一片。"②毛泽东笔下的愚公、白求恩、张思德，我们今天仍记忆犹新，就是因为这些人在他的心灵深处产生过激烈震荡，所以讲出的话饱含深情、富于哲理，能深深植入人民心里，引起共鸣。今天，我们不仅要和人民群众打成一片，还要保持对中国特色社会主义和中华文化的信心和情感。习近平总书记说："站立在九百六十万平方公里的广袤土地上，吸吮着中华民族漫长奋斗积累的文化养分，拥有十三亿中国人民聚合的磅礴之力，我们走自己的路，具有无比广阔的舞台，具有无比深厚的历史底蕴，具有无比强大的前进定力。"③从这句话里我们能够感受到总书记对祖国山河和亿万人民的热爱和深情，对中华文

---

① 习近平．努力克服不良文风 积极倡导优良文风．求是，2010（10）．
② 毛泽东．毛泽东选集：第3卷．2版．北京：人民出版社，1991：851.
③ 中共中央宣传部．习近平总书记系列重要讲话读本．北京：学习出版社，2014：22.

化和中国特色社会主义的自信和定力。只有心怀祖国和人民，坚定信念和理想，怀揣梦想和追求，才能讲出有底气、有骨气、有正气的话语，才能说出入脑入心入神的语言。

总之，只要我们坚定中国特色社会主义信念，站在党和人民的立场上，放下架子，贴近实际，贴近生活，贴近群众，就一定能够营造出清新活泼、通俗易懂的文风，就一定能够使包括爱国主义在内的核心价值观的教育宣传工作可亲可信、深入人心。

三、爱国教育活动化

爱国价值观要想真正融入人们的精神世界，单靠宣传引导是远远不够的，还需要通过社会生活和公共实践活动来加以涵育。《新时代公民道德建设实施纲要》要求道德教育"坚持提升道德认知与推动道德实践相结合，尊重人民群众的主体地位，激发人们形成善良的道德意愿、道德情感，培育正确的道德判断和道德责任，提高道德实践能力尤其是自觉实践能力，引导人们向往和追求讲道德、尊道德、守道德的生活"[①]。这是对包括爱国道德在内的所有道德教育在实践层面的总体要求。同样，《新时代爱国主义教育实施纲要》也明确要求爱国主义"坚持从娃娃抓起，着眼固本培元、凝心铸魂，突出思想内涵，强化思想引领，做到润物无声，把基本要求和具体实际结合起来，把全面覆盖和突出重点结合起来，遵循规律、创新发展，注重落细落小落实、日常经常平常，强化教育引导、实践养成、制度保障，推动爱国主义教育融入贯穿国民

---

① 新时代公民道德建设实施纲要. 北京：人民出版社，2019：5.

使命与担当：爱国、敬业、诚信、友善

教育和精神文明建设全过程"①。心理学研究也表明，人们稳定的心理品质的形成只能通过各种实践活动来形成。只有在体现某种价值观的仪式性活动中，通过深切体验和情感激发，人们才能形成对这种价值观的自觉认同。正如美国哲学家迈克尔·桑德尔所说，"公民德性不是从书本上可以得到的东西，而是需要通过亲身参与社会实践来得到"②。因此，将爱国主义教育实践化、生活化，既可以改变传统灌输式爱国主义教育宣传的模式化倾向，也可以通过实践活动增强人们的认同感和归属感，形成有利于爱国主义教育和宣传的生活情境和社会氛围。为此，《新时代爱国主义教育实施纲要》为了将爱国主义教育实践化、生活化，要求在大中小学广泛组织开展实践活动，丰富新时代爱国主义教育的实践载体，建好用好爱国主义教育基地和国防教育基地，注重运用仪式礼仪，组织重大纪念活动，发挥传统和现代节日的涵育功能，依托自然人文景观和重大工程开展教育。

首先，要充分利用各类爱国主义教育示范基地，对公民进行爱党爱国的情感培养和思想教育。为推动群众性爱国主义教育活动的开展，中宣部于 1997 年、2001 年、2005 年、2009 年、2019 年和 2021 年先后 6 次公布了 500 多个全国爱国主义教育示范基地，主要包括反映重大历史事件的遗址遗迹、纪念馆、烈士陵园，革命领袖、爱国人士的故居、旧址，反映重要历史文化内容的博物馆、纪念馆以及反映新中国成立以来建设成就的展览馆等。这些基地有丰富多彩的教育内容，不仅反映了中

---

① 新时代爱国主义教育实施纲要．北京：人民出版社，2019：3-4．
② 桑德尔．公民身份：面向世界的认同与表达．社会科学报，2007（7）．

国历史上各个历史时期的重大事件和重要人物,也反映了博大精深的中华历史文化。展示内容和形式集专业性、学术性、知识性、趣味性和观赏性于一体,具有较强的吸引力和感染力。教育基地有详细生动的讲解材料,有素质较高的讲解员队伍,有形式多样的教育活动,有较为完备的教育设施,而且大部分都是免费开放。基地还充分利用节假日和重大革命历史事件、革命历史人物纪念日,举行各种庆祝纪念仪式,组织丰富多彩、特色鲜明的主题教育活动,寓教育于活动之中,使人们在参与中受到启迪、得到提高。比如,每逢建党、建军、建国等重大节庆日,侵华日军南京大屠杀遇难同胞纪念馆、辽沈战役纪念馆、中国人民抗日战争纪念馆等很多示范基地都会组织干部群众特别是青少年到基地开展纪念、瞻仰等活动。示范基地成为党员干部了解党的历史、加强党性锻炼的重要场所,成为广大群众培养爱国情感、培育民族精神的重要阵地,成为青少年学习革命传统、陶冶道德情操的重要课堂。它们对于激发爱国热情、凝聚人民力量、振奋民族精神具有特殊的意义,在爱国主义教育中发挥了不可替代的重要作用。

其次,注重运用仪式礼仪。认真贯彻执行国旗法、国徽法和国歌法,学习宣传相关的基本知识,规范国旗升挂、国歌奏唱和国徽使用仪式,使之成为爱国主义教育的制度性活动。国旗和国歌不仅仅是一面旗和一首歌,它们是国家的象征,代表着民族的尊严。每当国旗升起、国歌响起时,每个人都会肃然起敬。规范化的升旗礼仪是深厚爱国情感的外在表现,同时也能够进一步激发人们对国家的崇高感和责任感。世界上的国家不论大小,在有关国旗和国歌问题上都有严格的规定甚至法律

使命与担当：爱国、敬业、诚信、友善

约束。1990年6月，我国制定了《中华人民共和国国旗法》，对国旗升降仪式、规格等都有明确的法律规定。比如，按照《国旗法》第20条的规定，国旗"应当早晨升起，傍晚降下"。但在现实中，有些国家机关和企事业单位怕麻烦、图省事，只见国旗"早晨升起"，不见"傍晚降下"，甚至国旗一升起就任凭经受风吹日晒雨淋，即使褪色、破损也不更换。尤其是那些在建筑物高处升挂国旗的单位，"只升不降"更是普遍。类似行为不仅有损国旗的权威，更严重违反了《国旗法》相关规定，必须坚决制止和纠正。国旗是无比庄严和神圣的，践行社会主义核心价值观，弘扬爱国主义情怀，不妨从严格落实每一次升降国旗做起。

最后，组织重大纪念活动，发挥传统和现代节日的涵育功能，开展形式多样的纪念庆典活动，依托自然人文景观和重大工程开展教育，增强人们的认同感和归属感。我们要充分利用节庆日活动，对公民进行爱党爱国教育，增强人们的文化自信和政治自信。在中华民族五千多年的历史文化发展进程中，既形成了不少具有深厚传统文化内涵的民族节日，比如，春节、清明节、端午节、中秋节等，也形成了一些反映近现代重大历史事件的政治性节日和纪念日，比如，"五四""七一""八一""十一"等。这些节日和纪念日与"三八""五一""六一"等国际性节日、纪念日一起构成了中国人日常生活的重要部分，是人们共同体验历史与现实、共享情感与价值观的集体活动。我们可以借此开展民族文化和革命传统教育，弘扬民族精神和时代精神，增强人们的文化归属感和政治认同感。我们还要开展烈士纪念日纪念活动，培养公民的爱国主义情感。伟大的民族不会忘记自己的英雄，据不完全统计，近代以来我国

第四章 个人层面社会主义核心价值观的践行路径

约有 2 000 万名烈士为民族独立、人民解放和国家富强、人民幸福英勇捐躯。为了以国家名义缅怀他们的丰功伟绩,传承他们热爱祖国、忠于人民、无私奉献、敢于牺牲的高尚精神,2014 年 2 月 27 日,十二届全国人大常委会第七次会议决定,将 9 月 3 日确定为中国人民抗日战争胜利纪念日,将 12 月 13 日确定为南京大屠杀死难者国家公祭日。同年 8 月 31 日,十二届全国人大常委会第十次会议通过决定,将 9 月 30 日设立为烈士纪念日。国家还出台了一系列烈士纪念相关规章,明确纪念活动的形式。例如,民政部发布《烈士公祭办法》,明确烈士公祭九项程序:主持人向烈士纪念碑(塔等)行鞠躬礼,宣布烈士公祭仪式开始;礼兵就位;奏唱《中华人民共和国国歌》;宣读祭文;少先队员献唱《我们是共产主义接班人》;向烈士敬献花篮或者花圈,奏《献花曲》;整理缎带或者挽联;向烈士行三鞠躬礼;参加烈士公祭仪式人员瞻仰烈士纪念碑(塔等)。为做好烈士纪念日纪念活动,2014 年国庆节前,中共中央办公厅、国务院办公厅、中央军委办公厅还下发了《关于做好烈士纪念日纪念活动的通知》。《通知》明确指出了四项烈士纪念日活动形式:一要举行公祭烈士活动,二要向烈士墓敬献鲜花,三要开展网上纪念烈士活动,四要关怀慰问烈士遗属。另外,我们还要将爱国主义教育寓于游览观光之中,利用宣传展示、体验感受等方式引领人们领略祖国的大好河山,投身于美丽中国建设。依托祖国大好的自然人文景观,尤其是红色文化教育基地和旅游景区,寓爱国主义教育于旅游、观光、研学、调研之中,激发全国人民的爱国热情,凝聚人民力量,培养以爱国主义为核心的民族精神。牢记历史才能开辟未来。在中华民族的集体记

使命与担当：爱国、敬业、诚信、友善

忆中，既有抗战胜利的扬眉吐气，也有国难屈辱的血泪凝重。中华民族从苦难走向辉煌的伟大历程，就是一部充满奉献和牺牲的英雄史诗。在全面深化改革、实现中华民族伟大复兴中国梦的进程中，深入开展烈士纪念日纪念活动，对于培养公民的爱国主义、集体主义精神和社会主义道德风尚，培育和践行社会主义核心价值观，具有重要现实意义和深远历史意义。我们每个人都应高度重视每一次纪念活动，严格遵循规定的祭奠程序，在庄严、肃穆、隆重的气氛中缅怀英烈，体会烈士精神，感受民族气节，涵养爱国情感，凝聚复兴力量。

第二节

"三位一体"提升公民的敬业精神

新时代中国特色社会主义事业是前无古人的伟大事业，是全体人民的共同事业。建设富强民主文明和谐美丽的社会主义现代化国家，实现中华民族伟大复兴的中国梦，从"根本上靠劳动、靠劳动者创造"[①]。我们必须在全社会崇尚劳动、尊重劳动者，践行社会主义敬业观。当然，敬业不是一句简单的口号，不是随便说说就能实现的，需要每个公

---

① 习近平. 在庆祝"五一"国际劳动节暨表彰全国劳动模范和先进工作者大会上的讲话. 北京：人民出版社，2015：2.

民、每个行业和全社会"三位一体"的共同努力。对公民个人来说，敬业需要我们向热爱生命一样热爱工作，要树立敢于负责的职业精神、专心致志的职业态度、勇于创新的职业素养以及精益求精的职业操守。从行业和用人单位来讲，敬业需要各个部门深化干部人事制度改革，通过科学合理的激励约束制度，在招聘选人、任用提拔、职业发展以及薪资福利等方面建章立制，真正做到奖勤罚懒、任人唯贤，进而激发员工爱岗敬业、尽职尽责的热情和斗志；从政府和社会的角度来看，敬业需要全社会的共同努力，通过培育和营造一种"劳动光荣，懒惰可耻""拒绝平庸，追求卓越""在平凡中铸就非凡"的舆论环境和社会氛围，让敬业之花开遍神州大地，激励每一个公民在平凡的岗位上书写非凡的人生篇章。

一、公民个人：像热爱生命一样热爱本职工作

"爱而不敬，非真爱也；敬而不爱，非真敬也。"事实证明，真正的敬业者必然有爱业情怀。对职业的热爱是敬业的深层动力，会燃起人们巨大的工作热情，激发人们奋进的强大动力。正如高尔基所言："天才是由于对事业的热爱感而发展起来的，简直可以说，天才就其本质而论只不过是对事业、对工作过程的热爱而已。"在培育和践行社会主义核心价值观的今天，尤其需要大力倡导敬业精神，引导人们恪尽职守，像热爱生命一样热爱本职工作，为实现中华民族伟大复兴的中国梦而不懈奋斗。

第一，要有敢于负责的职业精神。职业责任感是敬业观的内在本质

使命与担当：爱国、敬业、诚信、友善

要求，职业责任感的强弱关系工作成果的大小。强烈的责任感会让我们在工作和劳动中一心一意，竭尽所能把工作做到最好。一个有责任意识的人会给别人一种信任感，会吸引更多的人与自己合作。一个人只有承担更多的责任，自己才能得到更多的回报和尊重。信守责任的同时，就是在信守一个公民的人格和道德。然而，在我们的日常生活中，很多人往往不是非常清楚自己身上的责任。而没有意识到自身的责任不等于就没有责任。因此，我们要想把工作做好，就必须树立正确的责任意识，爱岗敬业，做任何工作都要心无旁骛，专心致志。在现实社会中，敬业精神的构建需要每个社会成员在各自的岗位上勤勉工作：公务员廉洁奉公、教师教书育人、医生救死扶伤、商人讲究信誉、干警公正执法、军人保家卫国……唯有每一个公民在自己的工作岗位上各司其职、各尽其责，社会才会安定有序，国家才会兴旺发达。

　　第二，要有专心致志的职业态度。敬业体现为一种个人对待自己所从事职业的态度。态度决定一切。要做到敬业，必须始终保持一种专心致志的职业态度。专心致志是敬业的一种表现形式，更是一种职业态度。在工作中做到专心致志，就是要在岗言岗、在岗爱岗、在岗为岗，做到心无旁骛。这是很多成功人士攀登职业高峰的秘诀，也是我们成就事业的基本态度。与其他有能力做这件事的人相比，如果你能够以专心致志、心无旁骛的职业情感去敬业工作，往往就能创造出其他人无法取得的成绩，就能凭借专心致志的职业情感赢得良好的声誉和口碑，进而攀上事业的高峰。在日常生活中，一个人的能力和精力毕竟有限，要想做到样样精通是很难办到的。如果你想成就一番事业，实现自身价值，

第四章　个人层面社会主义核心价值观的践行路径

就必须时刻牢记"专心致志"这一职业态度，干一行爱一行，干一行专一行。然而，我们如何才能在一件事情上比别人做得更好呢？其实，无论从事什么行业，处于什么岗位，只要你比别人更专心致志，心无旁骛，你往往就会比别人更胜一筹。现实生活中，很多人事业进展不大，并不是因为他们没有才干，而是因为他们不肯集中精力专心致志去干一件事，反而是三心二意，三天打鱼两天晒网，这山望着那山高，其结果往往是一事无成。因此，每个从业者都应该"立足本职岗位诚实劳动。无论从事什么劳动，都要干一行、爱一行、钻一行"[1]，才能真正养成专心致志的敬业精神。

中国古话说得好："业精于勤而荒于嬉。"伟大导师恩格斯也说过："谁肯认真地工作，谁就能做出许多成绩，就能超群出众。"[2] 由此可见，勤奋刻苦的职业态度是事业成功的必要条件。敬业要求人们尽责、专注、钻研、奉献，而勤奋则是实现敬业的根本手段。如果说梦想是成功的起跑线，决心是起跑时的枪声，那么勤奋刻苦则如起跑者全力的奔跑，唯有坚持到最后一秒的人，方能取得成功。如果你足够勤奋刻苦，就能够克服工作中的困难；如果你足够勤奋刻苦，就能够弥补能力上的不足；如果你足够勤奋刻苦，在机遇面前就会做好充足的准备；如果你足够勤奋刻苦，就能够提高自己的专业造诣。在这个世界上，没有免费的午餐，没有天上掉下来的馅饼，凡是取得超于常人成就的人，在背后都付出了别人未曾付出的辛苦。敬业的人往往具有勤奋刻苦的职业态度，

---

[1] 习近平. 在知识分子、劳动模范、青年代表座谈会上的讲话. 北京：人民出版社，2016：9.
[2] 马克思，恩格斯. 马克思恩格斯选集：第4卷.3版. 北京：人民出版社，2012：599.

使命与担当：爱国、敬业、诚信、友善

且能够把这种积极的态度保持住，因此，他们能在工作中积累比别人更多的经验，增长更多的才干，而这些经验和才干就是他事业成功的阶梯。

第三，要有勇于创新的职业素养。我们每个人如果想做到爱岗敬业、无私奉献，进而通过自己的努力拼搏成为不同行业、不同领域的行家里手、业务骨干，还必须具备勇于创新的职业素养。勇于创新首先要求我们必须破除自满观念，善于学习新知识。习近平总书记指出："我国工人阶级和广大劳动群众要树立终身学习的理念，养成善于学习、勤于思考的习惯，实现学以养德、学以增智、学以致用。要适应新一轮科技革命和产业变革的需要，密切关注行业、产业前沿知识和技术进展，勤学苦练、深入钻研，不断提高技术技能水平。"[1] 树立终身学习的态度，要求我们必须破除吃老本的观念。一个人感觉不到危机的存在，恰恰就是最大的危机。危机的根源在于"不求有功，但求无过"和"守摊子吃老本"的思想观念，以及墨守成规、安于现状的小生产观念。我们唯有破除一切妨碍发展的思想观念，改变一切束缚发展的做法规定，自找差距，自我加压，认真剖析和切实解决思想观念、思维方式、精神状态、工作作风等方面存在的问题，才能以放眼全球的视野、有所作为的抱负、冲破羁绊的闯劲、勇攀新高的冲劲、奋力爬坡的韧劲，不断增创新优势、取得新突破、创造新业绩。因此，我们要用辩证的思维审视成绩、观察现状，要站在新的历史起点上以高标准、严要求审视自己，坚决摒弃骄傲自满、沾沾自喜的保守思想，要弘扬自强不息、勇攀新高的

---

[1] 习近平. 在全国劳动模范和先进工作者表彰大会上的讲话. 北京：人民出版社，2020：7-8.

第四章　个人层面社会主义核心价值观的践行路径

进取精神，凡事力求先人一步、胜人一筹、快人一拍。树立不进则退、小进也是退的忧患意识，做到与强的比、向高的攀、同勇的争、跟快的赛，不断挑战、超越自我，不断实现新的跨越。

勇于创新的职业素养还意味着我们要勇敢面对新挑战，破除小富即安的观念。要改变按部就班、当一天和尚撞一天钟、贪图安逸、松松垮垮的工作作风，改变责任心不强、履职不到位的状态，破除无所用心、无所作为、无所事事的惰性思维；要树立艰苦创业的观念，做好吃苦流汗的准备，强化只争朝夕、知难而进的拼搏精神。所有从业者"要勤于学习，学文化、学科学、学技能、学各方面知识，不断提高综合素质，练就过硬本领。要立足岗位学，向师傅学，向同事学，向书本学，向实践学"[1]。实干兴邦，空谈误国。只有把奋发有为、积极进取的精神状态，把求真务实、埋头苦干的工作作风，融入培育和践行社会主义敬业观的实际行动中，才能做到不为任何风险所惧，不为任何干扰所惑。

第四，要有精益求精的职业操守。我们常说要追求卓越，其实卓越就是要求我们干任何事都要精益求精，拒绝日常生活中做事马马虎虎、敷衍塞责、不愿认真、不求准确的通病。在工作中，我们要想把一件事情做好，就需要我们有拒绝平庸、力争完美、精益求精的职业操守。事实上，我们从事的任何工作都不允许有任何的瑕疵，因此在任何时候我们都不能仅仅满足"过得去""还凑合""基本可以"，而是要全力以赴地把工作做精做细，追求工作的尽善尽美。

我们每个人所做的工作，都是由一件件小事构成的。但小事看起来

---

[1] 习近平. 在知识分子、劳动模范、青年代表座谈会上的讲话. 北京：人民出版社，2016：8.

容易做起来难，如果我们要想把日常生活中的每一件小事都能做到极其完美的程度，对每一件小事都精益求精，就必须付出自己所有的热情和努力。对小事精益求精，力求完美，其实体现的是一种专业化品质。

二、用人单位：制定科学合理的激励约束制度

任何一个用人单位都是一个有机联系的整体，只有人人热爱本职工作、兢兢业业，各个工作部门协调运转，才能实现整体效益的最大化。因此，从行业组织的角度讲，敬业需要相关部门深化人事制度改革，建设科学规范、充满活力、有利于优秀人才脱颖而出的选人用人机制，在招聘选人、任用提拔以及薪资福利等方面制定科学合理的激励约束机制，真正做到任人唯贤、奖勤罚懒。唯有如此，我们才能构建起以公平、公正、公开为基准的组织人事架构，从而激励员工保持敢于担当、积极主动、爱岗敬业、尽职尽责的敬业精神，使他们对工作抱有更高的热情和斗志。

第一，要严格规范招聘选人制度。用人单位严格规范人事制度，严格规范招聘选人机制，是建设一支爱岗敬业、尽职尽责的高素质人才队伍的重要保证。有效的人才选拔目标，必须使个体的特点（能力、经验等）与工作要求相匹配。如果用人单位在招聘录用人员过程中不能做到公平、公正和公开，出现所谓的暗箱操作或者"萝卜招聘"，这种招人用人上的不正之风往往会使所录用的人员与其职位要求不相匹配，进而给用人单位的协调运转和整体绩效带来负面影响。试想，如果一个工作团队大家都努力奋战，全力付出，但由于负责某一个环节的员工工作能

第四章　个人层面社会主义核心价值观的践行路径

力或者工作态度出了问题而使整个团队的艰苦努力付诸东流,其损失肯定非常大,也会严重影响企业的凝聚力和向心力。因此,必须严格规范招聘选人制度,杜绝各种走后门和暗箱操作现象。

当前,各用人单位要着眼于适应完善社会主义市场经济体制的需要,不断推行和完善已经普遍实行的人事制度改革措施,严格规范招聘选人机制,按照单位自主用人、个人自主择业、政府依法监管的要求,建立符合各类用人单位特点的人事制度。应当积极推行聘用制和岗位管理制度,促进由固定用人向合同用人、由身份管理向岗位管理转变,并研究制定单位人事管理条例,规范按需设岗、竞聘上岗、以岗定酬、合同管理等管理环节,逐步做到同工同酬、能进能出、能上能下。

第二,要严格规范任用提拔制度。"用一贤人则群贤毕至,见贤思齐就蔚然成风。选什么人就是风向标"[1],用人单位要想在组织内营造爱岗敬业、尽职尽责的组织文化,则必须在员工的任用提拔上严格规范,推行和完善民主推荐、民主测评、差额考察、任前公示、公开选拔、竞争上岗等激励约束制度,防止和纠正选人用人上的不正之风,推进干部工作的科学化、民主化、制度化等。用人单位唯有本着与时俱进、改革创新的精神,不断吸收干部人事制度改革的新经验新成果,对干部任用提拔制度进行改进完善,在实践中总结经验、探索规律,推进干部制度建设,才是做好干部选拔任用工作的基本遵循,也是从源头上预防选人用人不正之风的有力武器。通过严格规范干部任用提拔制度,健全科学合理的干部选拔任用机制,把公道正派、敢于担当、业务精

---

[1] 中共中央宣传部. 习近平总书记系列重要讲话读本. 北京:学习出版社,2014:163.

使命与担当：爱国、敬业、诚信、友善

湛、清正廉洁的选人用人标准落实到选拔任用工作中去，对于建设高素质的干部队伍和提高员工敬业精神来说，具有十分重要的意义。

人才的成长有其内在规律，多数情况下选拔任用干部应当逐级提拔。同时，用人单位一定要从实际出发，及时把那些特别优秀或者有特殊工作需要的优秀员工破格提拔到领导岗位上来，这也符合人才成长的特殊规律，有利于那些工作认真、敬业奉献的优秀人才脱颖而出。这些年，很多用人单位在打破论资排辈、不拘一格降人才方面取得了很大成绩，大胆使用尽职尽责、热情工作的人才，人民群众是认可的，激发了大家干事创业的主动性、积极性和创造性。但也有一些用人单位在破格提拔程序方面出现了不少问题，突出表现为：破格提拔缺少制度规范；资格条件把关不严，"破格"变"出格"；破格提拔人选把关不严；破格提拔工作不透明，暗箱操作；等等。这严重影响了选人用人的公信度。我们应在查漏补缺的基础上，不断完善相应的制度安排。一方面要坚持破格提拔这一制度安排，为优秀人才脱颖而出留出"快车道"；另一方面，要按照选拔标准更高、审批把关更严、过程更公开透明的要求，从严进行规范，使之更具操作性。在选拔对象方面，只有那些特别优秀的干部方可被破格提拔，并要明确具体适用情形。在选拔标准方面，要制定选拔任用的基本适用条件，任职试用期未满的不得破格提拔，不得在任职年限上连续破格，不得连续越级提拔，防止"破格"变成"出格"。在审批把关方面，在讨论决定任命干部前，必须报经上级组织人事部门同意，其中越级提拔或者不经过民主推荐列为破格提拔人选的应当事先报告，经批复同意后方可进行。在过程公开方面，在讨论决定和任职前

公示时应当说明破格的具体情形和理由，切实增强破格提拔的公开性、透明度。

第三，要严格规范薪资福利制度。敬业的人会对自己从事的职业具有献身精神，将自己的一生和事业发展紧密联系起来，力求在事业发展中实现人生价值。他们往往拥有强烈的责任感，明确认识到自己承担的特定职责，忠实履行职责，勤勤恳恳工作，任劳任怨付出，从而将工作由外在的强制和被动转化为内在的自觉和主动。因此作为用人单位，必须制定严格规范的薪资福利体系，让爱岗敬业、埋头苦干、积极主动的员工能够得到合理的报酬，让他们在工作中无后顾之忧，能够全身心地投入工作。

用人单位应本着以员工所在岗位的工作性质、责任大小、技术含量、劳动强度、市场因素以及相对价值为依据，以履行岗位职责的好坏程度为基准来制定员工的薪资福利标准。在薪资福利中，充分体现按劳分配、多劳多得的原则，充分调动员工的积极性、主动性和创造性。

三、政府与社会：营造干事创业的良好社会氛围

培育和践行公民敬业的职业精神，需要充分发挥政府和社会各方面的力量，为广大劳动者提供可以不断增长知识、增加才干的条件和机会，从而在全社会实现劳动力、生产资源的最佳配置，真正做到人尽其才。政府和社会要形成倡导敬业的良好舆论环境，通过培育和营造一种劳动光荣的社会风尚，大力弘扬工匠文化和工匠精神，从制度层面营造干事创业的良好社会环境，让敬业之花开遍神州大地，激励每一个公民

使命与担当：爱国、敬业、诚信、友善 ● ● ●

在平凡的岗位上书写非凡的人生篇章。

第一，要营造劳动光荣的时代风尚。马克思非常重视劳动对人的自由和发展的重大作用，曾高度赞扬欧文关于"生产劳动同智育和体育相结合""是造就全面发展的人的唯一方法"的提法。马克思在毕生的理论实践中，在"劳动发展史中找到了理解全部社会史的锁钥"，提出了劳动是自由的生命表现的著名观点。因此，劳动在马克思主义人学中有着非常重要的作用，它不仅创造了人本身，也是人类自由、享受和闲暇的前提。马克思主义的劳动观是我们弘扬劳动光荣的社会风尚的理论前提。劳动是光荣的，但在现实生活中，却有一部分人认为敬业的人是辛苦的。敬业的人的确辛苦，但不敬业的人可能更为痛苦，他们的人生将在懒惰和懈怠中变得越来越空虚，越来越寂寞，越来越被动，他们的内心也会在逃避工作的过程中离快乐和充实越来越远。我们只有通过敬业奉献，才能获得精神上的满足和心灵上的安宁。正如俄国文学家契诃夫所说：我只有在工作中很久还不停歇的时候，才觉得自己精神轻快，也觉得自己找到了活着的理由。事实就是如此，敬业不仅是一种积极向上的人生态度，还是一种付出和施予，既施予社会，也施予自己。敬业不仅是我们在激烈的社会竞争中得以"立命"所不可或缺的前提条件，它还是我们"安身"的不二砝码。敬业能带给我们生活的意义，让我们感到更加充实，并感受到自己存在的价值。在敬业的人看来，工作不仅能满足生存的需要，它更是生活的需要。敬业使人振作，不计得失，全神贯注地进入工作状态，一心一意地想把工作干好。我们可能都有这种体会，在工作中一旦真心投入进去了，就会感到工作的过程其实就是一种

第四章　个人层面社会主义核心价值观的践行路径

精神享受的过程，特别是当事业取得成功并被他人和社会肯定时，就会体验到金钱、物质这些外在东西所无法带来的成就感和愉悦感。当我们真正认可了自己的职业，愿意为工作去拼搏、去奋斗，也就是说，当我们是为了自己的理想目标而去自觉工作的时候，金钱之类的物质报酬就只是工作的附带之物了，我们收获的主要是强烈的自我存在感和内心的充实。更重要的是，爱岗敬业、忠于职守、乐于奉献的人不会整天陷入无所事事、尔虞我诈、阿谀奉承的复杂人情关系中去，不会在日常生活中的一些事情上耍小聪明、不择手段，他们只会"堂堂正正做人，老老实实干事"。因此，在培育和践行公民的敬业价值观的过程中，政府和社会要大力弘扬"劳动光荣，懒惰可耻"这一简明朴素而又实实在在的价值观。针对当前社会上一些人身上存在的好逸恶劳、坑蒙拐骗和"等、靠、要"的啃老陋习展开舆论攻势和道德谴责，营造一种鼓励干事创业的舆论环境和社会氛围。正如习近平总书记所指出的："梦想属于每一个人，广大劳动群众要敢想敢干、敢于追梦。说到底，实现中华民族伟大复兴的中国梦，要靠各行各业人们的辛勤劳动。现在，党和国家事业空间很大，只要有志气有闯劲，普通劳动者也可以在宽广舞台上展示自己的人生价值。许多劳动模范平凡而感人的事迹，都充分说明了这一点。我们要在全社会大力弘扬劳动精神，提倡通过诚实劳动来实现人生的梦想、改变自己的命运，反对一切不劳而获、投机取巧、贪图享乐的思想。"[1]

---

[1] 习近平. 在知识分子、劳动模范、青年代表座谈会上的讲话. 北京：人民出版社，2016：9-10.

使命与担当：爱国、敬业、诚信、友善

第二，要大力弘扬工匠精神，厚植工匠文化。在全社会大力弘扬社会主义敬业观，不仅要营造劳动光荣的社会氛围，还要倡导精益求精、追求卓越、勇于创新的工匠精神和工匠文化。细节决定成败，没有人能随随便便成功。工匠精神要求我们在工作中摒弃随大流的平庸之心，尽可能把事情做到尽善尽美，努力创造属于自己的人生价值。我们大家都有可能处于一个普通而平凡的工作岗位，然而不同的人会有不同的职业态度和职业情感。如果缺乏一种拒绝平庸、力求完美的工匠精神，我们做起事来可能就会消极被动，对待工作就会是一种完成任务交差的心理，就会在工作中消磨斗志。而积极主动的人往往会静下心来，安心工作，把每一件事情、每一个环节都当成锻炼自己、摔打自己的机会，通过踏踏实实做事、认认真真做事来历练自己、提升自己，增强自己的独立思考能力和判断力，从而将本职工作做到尽善尽美，无可挑剔。对个人来说，这是一种工匠精神，如果社会全体成员都能如此，就会体现为一种工匠文化。

2016年，国务院总理李克强在政府工作报告中提到"鼓励企业开展个性化定制、柔性化生产，培育精益求精的工匠精神"，"工匠精神"首次出现在政府工作报告中。工匠精神是一种"干一行、爱一行、专一行、精一行"的敬业精神。大力弘扬工匠精神和工匠文化，就是要求全社会营造一种"拒绝平庸，尽善尽美"的敬业精神和职业文化。一方面，我们要讲好工匠故事。在中国历史文化中流传着许许多多的工匠故事，如作为中国建筑鼻祖和木匠鼻祖的鲁班、著名厨师庖丁、战国初期铸剑大师欧冶子、西汉著名工匠丁缓等，他们精益求精的工匠精神代代

第四章　个人层面社会主义核心价值观的践行路径

流传，成为中华民族宝贵的精神财富。我们应该讲好中国古代工匠故事，弘扬中国古代工匠精神，为培养大国工匠，实现制造业强国目标营造良好的社会氛围。另一方面，我们要厚植工匠文化。工匠文化的核心是工匠精神，而工匠精神的不断发扬光大需要工匠文化的支撑，从某种意义上说，工匠文化是工匠精神的积淀和升华。因此，从工匠精神到工匠文化是一个逐步发展和转化的过程。为了实现从工匠精神向工匠文化的延展和转化，国家和政府应该鼓励各单位大力开展企业文化建设，把工匠精神融入企业文化的血脉之中，从而有助于在全社会构建稳定、持久的工匠文化。另外，各级教育部门应该鼓励学校将工匠精神融入办学实践中去，挖掘中华民族传统工匠精神的内涵，构建有中国特色的工匠文化和工匠精神教育模式。

第三，要从制度层面营造干事创业的社会环境。在全社会弘扬社会主义敬业观，还需要营造干事创业的社会环境。首先，"要完善现代职业教育制度，创新各层次各类型职业教育模式，为劳动者成长创造良好条件"[1]。众所周知，技术工人是现阶段支撑中国制造的核心力量之一，而职业教育则是培育技术工人和"大国工匠"的摇篮。2019 年，习近平总书记参观以职业教育为特色的甘肃张掖山丹培黎学校时指出："我国经济要靠实体经济作支撑，这就需要大量专业技术人才，需要大批大国工匠。职业教育前景广阔、大有可为。"[2] 没有高度发达的职业教育，

---

[1] 习近平. 习近平重要讲话单行本（2020 年合订本）. 北京：人民出版社，2021：219.
[2] 本书编写组. 习近平的小康情怀. 北京：人民出版社，2022：253.

使命与担当：爱国、敬业、诚信、友善

就不可能培育出大量符合社会主义建设的劳动者，也不会孕育出以"工匠精神"为核心的敬业观。其次，要建立技术工人和产业工人培养、使用、评价、考核等机制，完善技术人才激励和奖励政策。"要推进产业工人队伍建设改革，落实产业工人思想引领、建功立业、素质提升、地位提高、队伍壮大等改革措施，造就一支有理想守信念、懂技术会创新、敢担当讲奉献的宏大产业工人队伍。"[1] 再次，要在学校教育中宣扬技能成才的理念，鼓励年轻人积极走技能报国之路。习近平总书记强调："要开展以劳动创造幸福为主题的宣传教育，把劳动教育纳入人才培养全过程，贯通大中小学各学段和家庭、学校、社会各方面，教育引导青少年树立以辛勤劳动为荣、以好逸恶劳为耻的劳动观，培养一代又一代热爱劳动、勤于劳动、善于劳动的高素质劳动者。"[2] 最后，从制度层面切实实现好、维护好、发展好劳动者合法权益。从国家层面构建多层次社会保障体系、健全困难职工帮扶工作机制、完善失业保障制度。从法律层面制定最低工资标准，不断提高生产工人和企业职工劳动收入水平，是营造干事创业社会环境的关键因素之一。劳动者收入高了，就会吸引更多的人加入产业大军队伍之中。同样，健全帮扶工作机制和完善失业保障制度，也可以解决劳动者的后顾之忧。"光荣属于劳动者，幸福属于劳动者。"[3] 只要我们尊重劳动者的劳动和创造，我们就一定能够在全社会营造劳动光荣的社会环境。

---

[1] 习近平. 习近平重要讲话单行本（2020年合订本）. 北京：人民出版社，2021：219.
[2] 同[1]217.
[3] 同[1]222.

第三节

"双管齐下"促进个人诚信品质的养成

诚信是中华优秀传统美德,也是社会主义核心价值观的重要价值准则,诚信建设是中国共产党治国理政的重要任务。党的十八大以来,习近平总书记高度重视公民诚信建设,以马克思主义诚信观为指导,积极弘扬中华诚信文化,辩证地吸收和借鉴国外诚信文化的精髓,结合新时代国内外发展的实际,不断丰富诚信文化的内涵,对公民个人的诚信建设做出了一系列重要论述。党的十八大报告指出,全面提高公民道德素质是社会主义道德建设的基本任务,深入开展道德领域突出问题专项教育和治理,加强政务诚信、商务诚信、社会诚信和司法公信建设[①]。2016年,中共中央政治局第三十七次集体学习会议强调:"对突出的诚信缺失问题,既要抓紧建立覆盖全社会的征信系统,又要完善守法诚信褒奖机制和违法失信惩戒机制,使人不敢失信、不能失信。对见利忘义、制假售假的违法行为,要加大执法力度,让败德违法者受到惩治、付出代价。"为弘扬诚信传统美德,增强社会成员诚信意识,加强个人

---

① 胡锦涛. 坚定不移沿着中国特色社会主义道路前进 为全面建成小康社会而奋斗. 北京:人民出版社,2012:32.

使命与担当：爱国、敬业、诚信、友善

诚信体系建设，褒扬诚信，惩戒失信，提高全社会信用水平，营造优良信用环境，2016年12月30日，国务院办公厅印发《关于加强个人诚信体系建设的指导意见》，对加强个人诚信体系建设做出部署。2019年10月27日，中共中央、国务院印发《新时代公民道德建设实施纲要》，强调要持续推进诚信建设，提升全社会诚信水平。不难看出，诚信受到了党和国家的一贯重视，不论是将诚信建设融入国民生活的各个方面，使其成为道德建设的核心内容，还是将诚信列入公民的基本道德规范，将其升华为社会主义核心价值观的重要价值准则，都表明了社会主义诚信建设是推动新时代中国特色社会主义健康、文明、科学发展的重要力量。

随着社会主义市场经济的深入发展以及新时代社会主要矛盾的转变，推进社会主义诚信建设已经成为一种不可阻挡的趋势。在社会主义诚信建设之下培育公民个人的诚信品德，不是仅仅依靠单方面的努力就可以实现的。我们必须"双管齐下"，一方面要加强个体的道德自律，培养个体自身的诚信自觉；另一方面，要通过教育、媒体、制度、社会等各个方面的共同努力，将"自律"和"他律"结合起来，把"内化"和"外化"结合起来。只有这样，才能实现公民基本道德素质的提升以及个人诚信水平的提高。

一、内化于心、外化于行：加强公民个体道德自律

公民个人诚信品德的形成是一个从知、情、意、信到行的过程。对于公民个人诚信品德的培育而言，不能仅仅依靠开展诚信教育、营造诚

信的社会氛围、建设完善的诚信体系来构建社会诚信制度保障等外在性手段，公民个人诚信品德的形成和完善还需要依赖公民个人内在的道德自律和道德自觉。在公民个人诚信品德建设的过程中，公民个人只有完成从诚信认识向诚信行为和诚信习惯的转化，提高个人的道德自律能力，并通过道德自律实现诚信品德的内化，才能形成完备的个人诚信品德。在此意义上，公民个人可以通过对诚信理论的认同和强化诚信实践自觉来加强个体道德自律。

"理论一经掌握群众，也会变成物质力量。理论只要说服人，就能掌握群众；而理论只要彻底，就能说服人"[①]。公民个人只有真正认可一种价值理论，才能在社会生活实践中以清醒的头脑、积极的情感、坚定的意志来践行这种价值观念。社会主义诚信观是社会主义核心价值观的重要组成部分，也是社会主义道德建设的重要内容。因此，新时代培育公民个人诚信品德，就需要公民个人加强对社会主义诚信理论的学习，培养乐学、好学的学习精神，充分发挥主观能动性去积极主动地获取社会主义诚信理论的相关知识，不断拓展和更新自身对诚信知识的理解以及关于诚信知识的理论储备，加深对社会主义诚信基本内涵和重要意义的理解，增强对社会主义诚信理论的认同，以社会主义诚信观来指导个体社会实践，从而提高个体诚信意识和思想道德素质，使公民个人成为社会主义现代化事业的建设者和新时代中国特色社会主义的推动者。随着对社会主义诚信观念理解和学习的不断深入，公民个人还要不断地省察克己，即通过内心的反省来反思自身思想中的错误观念和实践

---

① 马克思，恩格斯．马克思恩格斯选集：第1卷．3版．北京：人民出版社，2012：9-10．

使命与担当：爱国、敬业、诚信、友善

之中的不正当行为，对自身的思想观念和实践行为进行诚信评价，从而使自己的思想观念和实践行为符合社会主义诚信的价值要求。公民个人必须时常反思自己对诚信理论的认知和践行状况，不断加深对社会主义诚信的理解和学习，增强对社会主义诚信的认同，不断实现自我品质的更新，不断地完善自我，自觉做到以德正身，只有这样，公民个人才可以更加积极主动地诚信做人、做事，把诚信内化为自身的道德标准和行为准则，形成坚定的诚信信念和诚信意志，从而实现公民个人诚信的自觉与自律。

"全部社会生活在本质上是实践的"[①]。新时代公民个人诚信品德的培育，仅仅依靠对诚信知识的学习和诚信理论的灌输是很难达到预期效果的，只有通过公民个人的社会实践活动才可以使诚信知识和诚信理论得以践行和发展，才可以将新时代公民个人的诚信建设从感性层面上升至理性层面。实践性是诚信品德的本质特征，公民个人只有积极主动、自觉地参与社会实践活动才能将社会共同的价值追求转化为个体自身的价值诉求，并通过个体道德自律将其内化为自身的道德品格。培育公民个人的诚信品德，并不是简单地让公民个人学习有关诚信的知识和理论，而是要培养公民的诚信认知，并使之转化为诚信意志和诚信情感，最后上升至诚信行为。由于公民个人的成长背景和生活环境的不同，每个人的价值观念和思想道德素质难免会有所差异。公民个人在面对迅速变化的社会环境以及复杂的人生境遇时，会出现个体心理、价值观念、行为选择相矛盾和冲突的状况。因此，公民个人必须积极主动地投身于

---

① 马克思，恩格斯. 马克思恩格斯选集：第1卷. 3版. 北京：人民出版社，2012：135.

社会实践活动,在社会实践活动中不断提高辨别诚信的能力以及对诚信行为的选择能力。公民个人在丰富的社会实践活动之中,要加深对诚信的认知,形成对诚信的坚定情感和意志,并将其转化为自觉的诚信行为,在社会实践活动中切实地领悟诚信的内涵和具体要求。公民个人在社会实践活动之中还要观察、识别他人的诚信水平,同时要有意识地检查和考验自己在复杂的人生境遇之中是否可以坚守住诚信的底线,并在社会生活实践中磨炼自己的诚信意志。公民个人诚信品德的养成是一个动态的过程,在这一过程之中,诚信意志发挥着重要的作用,公民个人在社会生活实践中难免会遇到各种可能消磨自身诚信信念的现象,正是由于诚信意志所产生的强大的精神力量,才使得公民个人坚守诚信底线。同时,公民个人在社会生活实践之中要做到"慎独",即公民个体凭借自身高度的诚信意志力和自觉性,在没有任何人监督的情况下都可以时时刻刻遵守社会的道德规范和诚信准则,并将社会基本的诚信规范内化为自身的诚信品德。

二、扬正气、树新风:发挥党建引领和榜样示范作用

诚信,是政事之本,关乎着执政党的政党伦理和政党形象。诚信作为中华民族基本的道德价值观念,内嵌于中国共产党实事求是的政党文化之中,贯穿于中国共产党领导革命、建设和改革的全过程之中,是中国共产党凝聚民心、汇聚民力、强基固本的道德伦理诉求。加强中国共产党的诚信建设,对推动全社会诚信建设具有示范性、引领性的作用。无论是从中国共产党在国家政治结构中所处的领导核心位置以及中国共

使命与担当：爱国、敬业、诚信、友善

产党领导的政府在社会政治体系中所处的中心位置来看，还是从党员干部与广大人民群众之间领导与被领导的关系来看，中国共产党和党员干部的思想道德素质和诚信品德在整个社会诚信体系建设之中被高度关注，中国共产党自身的诚信思想和诚信行为在全社会具有价值引领和榜样示范的重要作用。因此，新时代培育公民个人的诚信品德，就要充分发挥党员干部道德示范者和诚信风尚引领者的作用。党的十八大以来，无论是党组织内部的党员学习活动还是党内制定的各种法律法规，都在不同方面、不同程度上涉及党员干部诚信价值观建设的问题。党员干部作为诚信文化的代表，理应成为引领和践行诚信价值观的表率，广大党员干部必须坚定诚信的理想信念，坚持真理、实事求是，树立正确的价值观，将党的诚信纪律内化为自身的诚信意识，以实际行动自觉践行党的诚信原则。新时代培育公民个人的诚信品德，还必须充分发挥党员干部在诚信建设之中的先锋模范带头作用，以党员干部的诚信表率作用来推动公民个人诚信品德的建设，以党风政风促民风。

"伟大时代呼唤伟大精神，崇高事业需要榜样引领"[1]。"榜样的力量是无穷的。大家要把他们立为心中的标杆，向他们看齐"[2]。好的榜样，是一面旗帜。榜样人物具有社会价值引导的作用，他们是社会行为的价值判断标准，也是社会道德规范的衡量尺度。推进中国特色社会主义伟大事业的历史进程就是一个人才辈出、榜样引领的历史进程。先进的社会意识对社会存在和社会的发展进步具有巨大的助推作用，正是因

---

[1] 习近平. 深入开展学习宣传道德模范活动 为实现中国梦凝聚有力道德支撑. 人民日报，2013-09-27.

[2] 习近平. 在北京市海淀区民族小学主持召开座谈会时的讲话. 人民日报，2014-05-31.

为有无数中华优秀儿女将国家的兴旺发展、社会的进步以及广大人民群众的幸福生活置于自身利益之上，才有了新时代中国特色社会主义伟大事业的新局面。正是在无数榜样楷模诚信品格的示范和激励之下，广大人民群众才产生出强大的诚信情感、坚定的诚信意志、高度的诚信行为自觉，在社会生活实践之中积极主动地践行诚信规范和诚信标准。诚信楷模用自身的人格魅力来吸引广大人民群众向其学习，从而提高公民个人的思想道德素质和道德修养，提高公民个人诚信的自觉性和自律性。用榜样楷模的道德品格和诚信行为来教育引导公民，在道德楷模的感染之下可以帮助广大人民群众明确什么是善、什么是恶、什么是荣、什么是辱、什么是诚信、什么是失信，使广大人民群众自觉认可并遵守社会诚信规范和诚信准则，有助于公民个人重视自身的诚信形象和诚信品德，在潜移默化中形成符合社会诚信规范和诚信准则的诚信品德。因此，在实现中华民族伟大复兴中国梦的新征程之中培育公民个人的诚信品德，引导广大人民群众自觉践行社会主义核心价值观，就要充分发挥道德楷模的榜样示范、引领作用。

三、多方融入、形成合力：构建教育、媒体、制度互通互融的机制

诚信价值观的培育和践行始于教育，新时代培育公民个人诚信品德，要以教育为先导。诚信品德的教育不仅仅是学校的职责和任务，同样需要家庭教育、社会教育的配合。学校教育专业、系统、科学，家庭教育对个体诚信品德的初步形成具有关键性的影响，社会教育则可以通

使命与担当：爱国、敬业、诚信、友善

过营造社会诚信氛围来强化公民个人的诚信认知，三者缺一不可。只有在学校教育、家庭教育、社会教育所建构的"三位一体"的诚信教育体系之下，才能充分发挥诚信教育的作用，从而增强公民个人的诚信意识，提高公民个人的思想道德素质和诚信水平。首先，加强学校诚信品德教育。公民个人在学校教育中不仅可以获取生存和发展所必需的基础性知识，还可以掌握社会生活实践中所必需的基本道德规范和道德标准，因此，培育公民个人的诚信品德就必须注重学校教育。学校要充分发挥教学在德育中的主渠道作用，丰富诚信德育课程的形式，正确解读社会主义核心价值观的内容，"要在加强品德修养上下功夫，教育引导学生培育和践行社会主义核心价值观，踏踏实实修好品德，成为有大爱大德大情怀的人"[①]。在学校教育中，要尽可能激发学生对诚信德育课程的兴趣，引导学生正确认识和践行社会主义核心价值观个人层面的价值要求，将诚信知识内化为个体内在的诚信品德。此外，学校还要加强诚信文化教育，充分挖掘中华优秀传统文化的精髓，以"诚实守信"的传统美德来促进学生自身诚信品德修养的提高。其次，注重家庭诚信品德教育。家庭是个人成长的摇篮，是个体社会化的最初环境。在个体的社会化进程之中，公民个人对社会以及周围事物的认识，对思想道德的学习都是在父母的指导下进行的，父母的价值观、人生观、道德观会在潜移默化中影响孩子，会给孩子带来最初、最深刻的印记。家庭诚信品德教育对家庭成员思想道德素养的塑造和诚信品德的养成具有举足轻重

---

① 习近平．坚持中国特色社会主义教育发展道路 培养德智体美劳全面发展的社会主义建设者和接班人．人民日报，2018 - 09 - 11．

第四章 个人层面社会主义核心价值观的践行路径

的作用，可以说，一个人的品德和素养都是由家庭环境所决定的。因此，家庭教育要以品德教育为核心。家长要提高自身的思想道德素质和诚信水平，要树立责任意识，为子女树立榜样，使自己的价值观、人生观、道德观通过家庭生活的日常言行举止对子女产生积极的影响。家长要以民主科学的方法对子女进行诚信品德教育，注重孩子的全面发展，在关注孩子学业成绩的同时，加强对孩子诚信行为习惯和诚信道德素养的培育。此外，温馨良好的家庭氛围对个体诚信品德的形成具有积极的作用。因此，要营造温馨和谐的家庭环境，汲取中华传统家风中的育人智慧，营造新时代诚信家风。最后，加强社会诚信品德教育。社会诚信品德教育最基本、最广泛的方式就是开展一系列诚信品德教育活动。党的十八大以来，我国在全社会广泛开展诚信品德教育活动，不仅培养了一大批具有高尚诚信品德的时代新人，丰富了广大人民群众的精神生活，而且在一定程度上提高了全社会的精神文明水平。新时代加强社会诚信品德教育，要丰富社会诚信品德教育活动的开展形式，可以通过开展诚信品德系列讲座、宣传诚信道德模范的事迹等活动来提高公民个人的诚信意识，使公民个人产生强烈的诚信情感，形成坚定的诚信意志，进而在社会实践活动中保持高度的诚信自觉。

大众传媒以其特有的传播速度快、传播范围广、传播影响力大等特点在公民的日常生活中发挥着重要作用。近年来，随着科学技术的不断发展，互联网等新兴媒体不断发挥自身的优势，对广大人民群众的行为习惯和道德心理产生了十分重要的影响。在新时代社会诚信品德建设的背景之下培育公民个人的诚信品德，要充分利用新媒体这一有力工具，

使命与担当：爱国、敬业、诚信、友善 ● ● ●

加快公民个人对诚信品德的认可和理解，提高广大人民群众的诚信意识，提升公民个人的诚信道德水平，在全社会形成诚实守信的良好氛围。首先，强化媒体对诚信正能量的舆论引导。现代媒体可以通过控制舆论来引导和塑造人，但是舆论有好坏、善恶、对错、积极消极之分。因此，现代媒体的舆论宣传和引导功能亟待强化，主流媒体要把控好舆论宣传的方向，确保所宣传舆论的准确性、及时性以及真实性，确保所宣传的内容与主流价值观相符合，确保宣传正能量。媒体要创新诚信价值观的传播形式，要充分利用报刊等传统媒体以及互联网等新兴媒体来宣传诚信等主流价值观，并发布、传播、分享社会生活实践之中的诚信楷模，将他们的诚信事迹进行介绍和传播，加强对诚信正能量的舆论引导，从广大人民群众身边的事、日常的事、关心的事、与人民群众切身利益相关的事入手，以小见大、以理服人，使广大人民群众发自内心地认可、理解诚信这一基本的价值观念，在全社会弘扬诚信的正能量。其次，发挥媒体对诚信的监督作用。随着科学技术的迅速发展，媒体的力量越来越强大，对不诚信行为报道的力度也不断加大，媒体对不诚信新闻的报道，可以快速吸引公民的注意并引起广大人民群众对这一新闻的持续关注，使事件的主体迫于舆论的压力，公开事件的真实情况。公民个人在媒体强大的影响力以及社会舆论的巨大压力之下，在从事社会实践活动时会自觉地遵守社会基本诚信准则和诚信规范，使自己的行为符合社会主义核心价值观对公民个人的价值要求，从而在一定程度上阻止社会失信行为的发生和扩散。此外，大众传媒是党和国家与广大人民群众联系的桥梁与纽带，因此，媒体从业人员能否如实地报道社会新闻，宣传与主流价值观相符的信息，就成了维护社会稳定和谐的关键。部分媒体从业者由于没有接受过系统科学的培训，在职业素养以及职业道德等方面存在不足，在舆论宣传过程中会受到利益、自身价值观念等因素的影响，从而散播不实信息，传播与主流价值观念不相符合的舆论，这不仅会给营造诚信的社会风尚和社会氛围带来困难，而且也会降低大众媒体的社会公信力。大众媒体的社会公信力直接关乎媒体在公民心中的诚信形象，直接影响媒体对主流价值观念传播的力度。为确保媒体所传播舆论的真实性与准确性，确保宣传内容与主流价值观相符，提高媒体的社会公信力，就要提高媒体从业者的职业责任感、思想道德素质和诚信意识。

社会主义核心价值观建设已经上升为国家治理的重要内容，在新时代培育公民个人的诚信品德，除了教育和媒体宣传，还需要制度的保障。中共中央、国务院在2001年印发的《公民道德建设实施纲要》以及2019年印发的《新时代公民道德建设实施纲要》中都提出要通过法律、法规、政策以及规章制度来推进公民道德建设，为公民道德建设提供制度保障。在现代社会中，我们不能仅仅依靠公民个人的道德自律以及一般的道德约束途径来进行公民道德建设，对于违法乱纪的行为，道德自律和道德约束无法发挥作用，因此必须通过法律法规这种强制性的手段来保障公民个人道德建设的顺利进行。首先，以立法的形式将诚信道德法律化。习近平总书记强调，"对突出的诚信缺失问题，既要抓紧建立覆盖全社会的征信系统，又要完善守法诚信褒奖机制和违法失信惩戒机制，使人不敢失信、不能失信"[①]。"法律有效实施有赖于道德支

---

① 习近平. 习近平谈治国理政：第2卷. 北京：人民出版社，2017：134-135.

使命与担当：爱国、敬业、诚信、友善 ● ● ●

持，道德践行也离不开法律约束。"[1] 新时代培育公民个人的诚信品德，要做到德治和法治相结合。一方面，制定社会主义诚信法律法规要确立明确的道德导向，使社会主义诚信法律成为良法。另一方面，以德化法，将广大人民群众普遍认同且成熟的诚信道德规范提升至法律规范的层面，将社会主义诚信规范纳入法律法规、制度政策的规定之中，通过完善有关诚信的法律法规来推动公民个人思想道德修养的提升和诚信意识的提高。其次，运用大数据建立科学高效的征信系统。在社会诚信体系建设之下培育公民个人的诚信品德，要不断扩大以身份证为基础的实名登记系统，利用公民个人的身份证建立个体诚信系统，运用互联网的大数据技术，实现个体征信系统的互联互通，更好地记录、整理和评价公民个人的诚信、失信行为，为之后的奖励守信、惩戒失信奠定基础。最后，建立合理的奖罚制度。"社会的制度形式影响着社会成员，并在很大程度上决定着他们想要成为的那种个人，以及他们所是的那种个人。"[2] 人们的诚信道德行为会受到各种因素的影响，但是在法治社会中，公民个人诚信道德行为还是由社会奖惩制度所决定的。并不是每个社会公民都具备诚信自律和自觉，社会奖惩制度为尚不具备诚信自律和诚信自觉的公民个体提供了外在的约束力和规范，在社会奖惩制度发挥道德调控作用的过程中促进了公民个人思想道德素质和诚信水平的提高。因此，新时代加强公民个人诚信品德建设就需要建立公正合理的社会奖惩制度。

新时代公民个人的诚信品德不仅是公民自身的一种道德规范和价值

---

[1] 习近平. 坚持依法治国和以德治国相结合 推进国家治理体系和治理能力现代化. 人民日报，2016 - 12 - 11.

[2] 罗尔斯. 正义论. 北京：中国社会科学出版社，1988：285.

准则，更是公民个人践行社会主义核心价值观个人层面价值要求的重要表现。在社会诚信体系建设的背景之下培育公民个人的诚信品德，是顺应新时代社会主要矛盾转变的必然要求，是推进新时代道德建设的关键环节，是实现中华民族伟大复兴中国梦和推进中国特色社会主义现代化建设的重要手段，是践行社会主义核心价值观的迫切需要，也是满足人们日益增长的对美好生活期盼的价值诉求。新时代公民个人诚信品德的培育是一个科学且复杂的系统性工程，公民个人要通过加强自身诚信自律和诚信自觉来推动诚信品德建设，国家、社会、家庭、教育、媒体等要充分发挥自身的职能来保证社会主义诚信品德建设的顺利进行，实现"自律"和"他律"的结合，为中华民族伟大复兴中国梦的实现和中国特色社会主义现代化建设提供具备诚信品德的时代新人。

第四节

"推己及人"实现个人、社会与自然之间的和谐发展

我们对价值观的认识不应该仅仅停留在对其理论的阐述上，还必须在日常生活和工作中付诸实践。实际上，任何价值观都必须做到理论与实践的有机统一，友善这一价值观也不例外。涵养和践行友善价值观，

使命与担当：爱国、敬业、诚信、友善

我们必须从中华优秀传统文化中汲取营养，特别是"推己及人"的思想。"推己及人"是儒家学说主张的"忠恕"之道，讲究换位思考、将心比心，其核心内容是："己所不欲，勿施于人"，"老吾老以及人之老，幼吾幼以及人之幼"，"己欲立而立人，己欲达而达人"，它是儒家学说处理人际关系和人与自然关系的基本原则之一。

一、每个人都要心怀善念

要想做到对他人友善，首先自身要做到心怀善念。一个心怀善念的人会时刻想着关心别人，帮助别人，自己并不图任何回报。同时，当在帮助别人之后，也会把友善的种子播撒在那个被帮助的人心中，让爱心在全社会传播，使更多的人心怀善念，以帮助更多的人。当每个人都以友善之心帮助他人时，每个人自己同时也成为被帮助者和受益者。恻隐之心，人皆有之。也许我们并不富足，也许我们自己也有许多这样那样的不如意，也许我们并不是生活中的强者，但是在我们身边，总会有很多需要我们帮助的人，此时，我们一个微笑可以给予他们莫大的鼓励，一句温暖的话语可以唤起他们心底的信念继续前行，一次举手之劳的搀扶可以使他们远离危险，一点微薄的捐助可能改变他们的一生。而这一切对于我们也许只是一个微小的动作或一点金钱的付出，但对正身处困境的他人而言都是雪中送炭，并可以充分展现我们友善真诚的一面。其实，生活中没有任何一个人会永处顺境，很多时候，别人今天的遭遇也许就是我们明天的遭遇。生活中就是这样的，今天你对他人多一分理解和宽容，其实就是在支持和帮助明天的自己，善待他人就是善待自己。

第四章 个人层面社会主义核心价值观的践行路径

授人玫瑰,手留余香。善待他人,与他人建立友善合作的关系是人们在寻求成功的过程中应该遵守的一条基本准则。

随着社会分工的日益细化,当今社会已经成为一个高度合作化的社会,合作是时代发展的必然趋势。从历史角度来看,是合作让人类不再畏惧自然,告别茹毛饮血的原始社会。合作是社会分工细化的要求和结果,也是推动社会分工进一步合理化的重要依据。不以合作为前提的恶性竞争所导致的结果不是"双赢"而是"双输",这不仅与当今社会提倡的平等、合作、共赢的人类文明理念相悖,而且与国际经济全球化和国际社会多元化发展趋势也是格格不入的。全球化时代,国家与国家之间需要友善合作和交流,个人与个人之间也需要相互合作,合作已经成为当今社会人类生存和发展的必要环节。所以,我们比人类历史上任何一个时代都需要互相理解、宽容和关爱。只有人与人之间建立一种彼此善待、高度互动的关系,人类才能放弃战争,通过政治、经济、文化方面的合作形成共赢的局面。

孟子曾经说过:"君子莫大乎与人为善。"人的本质是社会关系的总和,任何人不可能独立存在于社会之外,人们必然生活在一定的社会关系之中。事实上,人的生活本身就是在与他人的相互交往中构成的。在生活中我们可以发现,那些慷慨付出、友善待人、不求回报的人,往往容易获得成功。而那些自私吝啬、斤斤计较的人,往往会成为孤家寡人,他们由于丧失了与他人合作的可能,而在社会竞争中被逐渐淘汰。因此,在现实社会中,我们必须心怀善念,友善待人。现实生活常常会给人带来喜悦或烦恼,带来幸福或悲伤,带来顺利或困难,带来成功或

使命与担当：爱国、敬业、诚信、友善

失败，无论处于何种境地，人们都需要他人给予相应的理解和关心。关心他人，就是要求人们善于理解他人的处境、他人的情感和需要，随时准备从道义上去支持别人，从行动上去关心帮助别人。比如，当朋友遇到困难的时候主动伸出友谊之手；尊重他人，不去探究他人的隐私，不在背后议论他人；善于和别人沟通、交流，善于和那些与自己兴趣、性格不同的人交往；承认别人的价值，负起自己该负的责任；等等。

总的说来，善待他人最重要的原则就是心怀善念，凡事替他人着想，凡事要从对方的角度来考虑。如果做到了这点，就意味着我们学会了友善待人。良好的人际关系不单单是行动上做出来的，更是从心底里"流淌"出来的，这也是心怀善念的理想境界。一件事情，如果发生在我们身上并使我们反感时，我们也就不要对别人做这样的事。同样，当我们在彷徨、迷茫、忧愁、困难时非常渴望他人的理解和帮助，那么我们自身也要随时做到为别人排忧解难。只有这样，我们才真正做到了用"心"和他人交往。一个人如果把"我行我素""特立独行"当成人生座右铭，那么他就不会关心别人的感受，同样也不会收获别人的信任和支持，他就没有资格去抱怨生活和命运的不公。友善待人，在表面上看是一种奉献，甚至是对自身利益的牺牲，但这种行为最后收获的必然是他人的帮助和支持，因而会获得更大的人生成就。

心怀善念还要勇于克己为人。所谓"克己"是指一种对自我克制、自我约束能力的培养。孔子曾这样说："克己复礼为仁，一日克己复礼，天下归仁焉。"就是说，每个人都应克制自己不正当的欲望、冲动情绪

和不正当的言行，自觉遵守社会的道德原则、规范，只要能做到这些，天下的人都会认为你是仁人了。对于应如何克己，孔子有更具体的表述："非礼勿视、非礼勿听、非礼勿言、非礼勿动"，由此可见，孔子认为只有在视、听、言、行各个方面都使自己的举动符合了礼的规定，才算是达到了"克己"。孔子在他的言谈中多次对感情用事、不能克制冲动的鲁莽行为给予批评。孔子认为由于不能克制自己的冲动情绪，而干出伤害自己和亲人的蠢事，是非常不明智的。"克己"在孔子倡导的诸多美德中处于非常重要的地位，他认为，这种美德能否被人们很好地执行，不仅关系个人修养目标的实现，也关系人际交往的和谐和理想的大同世界的实现。现代社会中，由于各种各样的诱惑对人们的精神世界产生了巨大的冲击，人们越来越以"自我"作为自身生存的出发点和归宿。但我们只有做到"克己"，才能真正达到完美人格的最高境界。一个"克己"的人会在与他人的交往中最大限度地求同存异，共同发展。例如，舜的母亲去世以后，他的父亲又娶了一个妻子。舜的父亲、继母、继母生的弟弟，三人都不喜欢舜，时不时地挑刺、找碴，总想置他于死地。可是，每一次，舜都先是躲起来，然后再出现，对待家人更加友善、谦恭、有礼。面对家人的百般刁难，舜可以如此大度，不计小怨，更没有得理不饶人，化干戈为玉帛。正是因为他的友善和才能，才让尧下定决心让他做自己的接班人。在追求成功的过程中，任何人都离不开同他人的合作。尤其是在现代社会里，如果你想获得成功，就应该想方设法获得周围人的支持和帮助。只有你真诚地克己为人，对方才会与你真诚合作。善待他人实质上就是善待自己。

使命与担当：爱国、敬业、诚信、友善

二、尊重理解，有容乃大

　　大千世界五彩缤纷，人们的性格多种多样，人们对同一问题的观点也不尽相同。我们要学会与他人友善相处，必须要拥有宽容精神，尊重和理解人们在社会背景、身份、地位等方面的差异。因此，我们要学会理解和包容不同的观点。一个友善的人必定是一个懂得尊重个性差异的人，"海纳百川，有容乃大"，一个具有宽容精神的人，必然是一个有大智慧的人。在现实生活中，一个真正懂得尊重他人的人，必然会以包容的心态、平常的心境去面对所有人。事实上，每个人都有自己的独立个性，都希望得到别人的尊重和理解，但别人的尊重和理解必然是建立在你对别人理解的基础之上的。被别人尊重是一种幸福，能够尊重别人则是更大的幸福，要想做一个幸福的人，就要懂得尊重别人，而尊重又是相互的，当你主动尊重别人，给人以真诚、温暖与鼓励的时候，别人也将用同样的方式对待你。懂得尊重他人，是一种为人的高尚品质。尊重和理解是一座桥梁，是连接人与人之间心灵的捷径，它可以使人与人之间的所有隔阂变成通途。孩子理解父母真心的爱，能给家庭带来无限的温馨和享不尽的天伦之乐；同学之间能相互尊重、理解，会给集体带来勃勃生机，增强集体的凝聚力；师生之间相互尊重、理解，就可以促进教学相长。学会了理解，你也就懂得了尊重的真意。每个人的心灵应该都是互通的，而不是自我封闭的。我们一定要学会理解和尊重，做到将心比心。伤害别人时道歉，受惠于人时感激，坐车时给老人让座，行路时给他人让行。做到讲公德、讲礼貌，你就是一个高尚而友善的人。总之，理解别人就是尊重自己，自尊自爱，就要从尊重和理解别人开始。

对人宽容，还意味着要严于律己。我们在宽容别人的缺点和不足的同时，还要反省自己的不足之处并改正，只有这样才能成就友善待人之道。反省自己才能赢得尊重。在处理人与人的关系时，中国古代先哲们倡导"君子求诸己，小人求诸人"。这句话意思是说，作为一个君子，要先从自身找原因，严格要求自己，而不能对别人吹毛求疵。人与人之间的交往，由于彼此的经历、个性等不同，出现矛盾是必然的，在与人交往中要先从自己做起，而不能老是指责别人。要做到友善待人，实现人际关系的和谐就必须要多看看他人的长处，经常反省自己的短处。在日常生活中，我们常常看到这样一种人，他们总是自以为是，自认为凡事都是自己正确，自己是真理的所有者，这种人是永远不可能做到待人友善的。人无完人，任何人都不可能没有缺点，做事也不可能永远正确。这一点既适用于他人，也同样适用于自己。一个人如果能想到这一点，那么在与人交往时，对于别人的缺点和错误就会有宽容之心，就不会斤斤计较。所谓严于律己、宽以待人，就是从这种意义上来讲的。做到这一点，我们就容易做到团结友善。

尊重别人，待人友善，说起来简单，真正做起来并不容易。一个人可以对朋友和家人尊重，但对于陌生人却往往表现得冷漠。事实上，每个人都希望得到他人的尊重和善意，即使是街头的乞丐，也同样渴望得到别人的尊重，我们自己更是如此。因此，为了得到他人甚至陌生人的友善相待，我们凡事要多站在对方的立场上考虑，学会理解别人的做法与行为，从而才会得到别人对自己的尊重和理解。友善和谐的生活需要我们自己去努力创造，当我们怀有一种宽厚的心态去理解他人、拥有一腔真诚去尊重他人时，我们同样也会得到他人的尊重与理解。必须注意的是，对人友善和包容要建立在坚持原则的基础上。不讲原则的友善不是真正的友善，这种所谓的"友善"，实际上是不分是非、不分善恶。我们应当反对不讲原则的友善。一个人八面玲珑、四处讨好、不讲原则，遍施友善反而会起到助恶的作用。孔子曾经把这种行为称为"乡愿"，并说"乡愿，德之贼也"。我们必须旗帜鲜明地反对这种做法。对于这样的人和事，不是如何与之讲团结友善的问题，而是一个如何与之做斗争的问题。因为我们对于社会上的破坏分子，对于人民的敌人，是不能讲团结友善的。如果对敌人讲友善，就是对人民不友善，这一点我们必须要分辨清楚。

三、协调合作，成己达人

"友善"作为社会主义核心价值观所倡导的公民个体层面道德的基本规范之一，它讲的是人与人之间、人与自然之间应当如何相处的基本准则，基本内容是友好、友谊、友情、善良、善意、与人为善等。每一个公民都是中华民族这个大家庭中的一员。因此，公民之间应该彼此团结，与他人、自然友善相处，从而在人与人、人与自然之间建立起一种和睦亲爱的关系。践行友善价值观，应该学会协调合作、共同生存，在彼此团结的社会关系中实现达人成己，构建一个友善和谐的世界。

学会协调合作是实现友善待人的必要前提。在社会化大生产的背景下，每个人都必须和其他人合作才能获得生存和发展，单个人很难做到

第四章 个人层面社会主义核心价值观的践行路径

离开他人的支持而独善其身。我们知道，大雁有一种合作的本能，它们飞行时呈人字形，因为为首的大雁在前面领路，能帮助它两边的大雁附近形成局部的真空而减少飞行阻力。科学家还发现，雁群以这种形式飞行，要比单独飞行多飞出12%的距离。一群大雁飞行时，还会定期变换领导者，大家轮流做头领。大雁飞行的例子实际上揭示的是一个既浅显又深刻的道理，协调合作可以产生1+1>2的效果。人的社会性决定了人一生中要与形形色色的人合作和相处，因此学会协调合作是实现与人和谐合作与友善相处的前提。生活的经验告诉我们，对他人友善的人必然会得到他人的友善，对他人敌视的人也必然会受到他人的敌视，当人与人之间都能友善相处、真诚相待时，必然会实现人际关系的和谐。人与人之间只有友善和谐，才能带来团队的协同合作，才能使个体的力量汇聚成江河，从而圆满完成整体的目标，并实现共赢。在自给自足的自然经济条件下，很多工作个体自身就能单独完成，但在当今时代，分工合作已成为现代社会大生产的基本方式，绝大多数工作都必须在分工合作的前提下才有可能完成，也容易带来更高的工作效率。如果我们在工作与生活中能够做到友善相处、团结协作，就可以把复杂的事情简单化，事半功倍，从而每个人都成为合作的受益者。在大力发展社会主义市场经济的今天，我们一定要学会与人协调合作，建立友善和谐的人际关系，这是人生的关键一课，也是我们能够在社会立足的重要支点。

首先，我们要做到"己所不欲，勿施于人"。"己所不欲，勿施于人"出自《论语》，是指自己所不希望的，也不要强加于人。这句话所表达的是处理人际关系的重要原则。人应该有宽广的胸怀，待人接物之

使命与担当：爱国、敬业、诚信、友善

时切勿心胸狭窄，而应宽宏大量，宽以待人。倘若自己所不欲的，硬推给他人，不仅会破坏与他人的关系，也会将事情弄得不可收拾。"己所不欲，勿施于人"是人与人之间友善交往的基本原则，也是友善待人的体现。我们在与他人交往的时候要学会用自己的内心去推己及人：自己希望受到尊重，就想到别人也会希望受到尊重；自己希望生活得幸福，就要想到他人也希望生活得幸福；自己希望得到他人的理解，就要想到他人也希望得到理解。总之，我们就是要从自己的内心出发，去理解他人，对待他人。"己所不欲，勿施于人"与"推己及人"，和中国人常说的将心比心、设身处地为他人着想等，大体讲的都是一个意思。播种一个行动，你会收获一个习惯；播种一个善行，你会收获一个善果；播种一个恶行，你会收获一个恶果。你若希望得到别人友善的对待就要先友善待人，在工作中和生活中多从他人的立场上来想问题、做判断，当你事事为他人着想时，必然会换来他人的善意回报。

其次，我们要做到"立己达人"。马克思指出，人在本质上并不是一个孤立的抽象存在，而是一个现实的社会性存在物。也就是说，每一个人总是处在一定的社会关系之中，每一个人都不可能在真正意义上脱离他人与社会而独立存在。实际上，个人与其他社会成员的关系是"一荣俱荣，一损俱损"的关系。因此，我们必须把自己的成功与他人的成功和集体的成功联系在一起，不能为了一己之私而损害他人和社会的利益。"己欲立而立人，己欲达而达人"是孔子的一个重要思想，也是实行"仁"的重要原则。如果能够"推己及人"也就做到了"仁"。任何事业的成功，都需要"人和"，所谓"天时不如地利，地利不如人和"。

第四章　个人层面社会主义核心价值观的践行路径

因此，荀况说"民齐者强"，孙武说"上下同欲者胜"，刘伯温说"万夫一力，天下无敌"。对于个人成就事业而言，团结互助比个人努力更为重要。常言道：一个篱笆三个桩，一个好汉三个帮。每个人在工作和生活中都离不开他人的帮助，而团结互助产生的友爱更是人生旅途中温暖人心的甘霖。人是一种情感动物，除了亲情、爱情之外，友善合作是不可或缺的。"羊左缘衣裘而传唱千古，管鲍因相位而流芳百世"，就是友爱的典型证明。埃及的金字塔不是一人建造的，它是千万埃及人民合作的产物。中国的万里长城也不是一人筑起的，它是古代无数中华儿女的血肉堆砌而成的。一个人的力量尽管微乎其微，但是无数人的力量汇聚起来可以创造出震惊世界的伟大奇迹，因此，我们可以合理地做出这样的推论：友善可以创造出人世间最伟大的力量，这种力量可以令人们之间彼此成就，也可以使国家民族变得更加强大。友善创造和谐，和谐产生力量。作为新时代中国特色社会主义事业的建设者，我们要比历史上任何时候都友善团结，摒弃自私自利的极端个人主义，关心他人，尊重他人，理解他人，帮助他人，把每个人的力量激发出来，心往一处想，劲往一处使，求同存异，同舟共济，为实现中华民族伟大复兴的中国梦做出自己应有的贡献。这正是新时代背景下"立己达人"的重要表现。当今社会虽然是一个鼓励竞争的社会，但这并不意味着排斥合作互助。事实上，建立在友善基础上的合作互助，更有利于良性竞争的形成，更有利于每个人的成功和社会的发展进步。

最后，我们要爱护环境，实现人和自然的和谐共生。儒家有天人一体的思想，人要把友善推及于自然之物，这叫万物一体之爱。这种"万物一

使命与担当：爱国、敬业、诚信、友善

体为仁"的境界才是先秦儒家为"君子"和"圣人"理想人格模式设计的最高境界。也就是说，友善不仅体现在人与人、人与社会的相互关系上，更应该体现在人与自然的相互关系中。从中华优秀传统文化来看，人是自然的一部分，人就在自然之中。中国古代"天人合一"的理念把整个宇宙都描述为一个有秩序的体系，人只是其中的一个部分。从这个意义上讲，自然本身就包含了人。可见，中华优秀传统文化是主张敬畏自然、友善自然的。当前，我国经济社会发展与资源环境之间的矛盾比较突出。如果不能有效地保护生态环境，不但不能实现经济社会的可持续发展，还可能引发严重的经济社会问题。在全国人民为实现中华民族伟大复兴中国梦而奋斗的新的历史时期，以友善之心关爱自然，保护和改善生态环境，提高资源利用效率，是我们总结历史经验、重新审视人与自然关系之后做出的理性选择。建设生态文明，就是要实现人与自然的协调发展，就是要在善待自然、关爱自然的理念指导下建设中国特色社会主义。因此，我们要发扬善待自然的优良传统，倡导公民关爱自然，选择绿色生活方式，增强全民族的环境保护意识，在全社会形成保护环境、善待环境的良好风气，让人们意识到我们生存空间的有限性、资源的稀缺性。为了实现中华民族的伟大复兴，我们每个人都必须养成善待自然的习惯，实现自然资源的良性循环和永续利用。习近平总书记在全国生态环境保护大会上指出："生态文明建设是关系中华民族永续发展的根本大计。中华民族向来尊重自然、热爱自然，绵延 5 000 多年的中华文明孕育着丰富的生态文化……。生态兴则文明兴，生态衰则文明衰。"[1]

---

[1] 习近平. 推动我国生态文明建设迈上新台阶. 求是, 2019 (3).

第四章　个人层面社会主义核心价值观的践行路径

实践证明，在破坏环境的基础上搞经济建设是"竭泽而渔"，我们必须意识到生态环境也是生产力的重要因素。因此，善待自然，要求我们必须认识自然规律，按照自然规律办事，在科学认识和尊重自然规律的基础上，实现人与自然关系的和谐。我们还必须用最严格的制度和最严密的法治来为生态文明提供可靠保障。要实现生态文明，仅靠宣传和教育是不够的，生态危机已经成为当代中国社会的严峻现实，环境问题已经严重制约了我国经济社会发展，解决生态问题已经迫在眉睫。因此，"保护生态环境必须依靠制度、依靠法治"[1]。必须以法律为底线，建立起保护生态环境的制度保护墙，任何人、任何组织都不能触碰和突破这个底线。只有这样，我们才能真正实现善待自然，实现中华民族的伟大复兴。

---

[1] 习近平. 推动我国生态文明建设迈上新台阶. 求是，2019（3）.

参考文献

[1] 马克思,恩格斯. 马克思恩格斯全集:第1卷.2版.北京:人民出版社,1995.

[2] 马克思,恩格斯. 马克思恩格斯全集:第39卷.北京:人民出版社,1974.

[3] 马克思,恩格斯. 马克思恩格斯文集:第1卷.北京:人民出版社,2009.

[4] 马克思,恩格斯. 马克思恩格斯文集:第8卷.北京:人民出版社,2009.

[5] 马克思,恩格斯. 马克思恩格斯选集:第1卷.3版.北京:人民出版社,2012.

[6] 马克思,恩格斯. 马克思恩格斯选集:第2卷.2版.北京:人民出版社,1995.

[7] 马克思,恩格斯. 马克思恩格斯选集:第2卷.3版.北京:人民出版社,2012.

[8] 马克思,恩格斯. 马克思恩格斯选集:第3卷.3版.北京:人民出版社,2012.

[9] 马克思，恩格斯．马克思恩格斯选集：第4卷．3版．北京：人民出版社，2012.

[10] 斯大林．马克思主义和民族问题．3版．北京：人民出版社，1954.

[11] 毛泽东．毛泽东选集：第2卷．2版．北京：人民出版社，1991.

[12] 毛泽东．毛泽东选集：第3卷．2版．北京：人民出版社，1991.

[13] 毛泽东．毛泽东选集：第4卷．2版．北京：人民出版社，1991.

[14] 毛泽东．毛泽东文集：第8卷．北京：人民出版社，1999.

[15] 邓小平．邓小平文选：第2卷．2版．北京：人民出版社，1994.

[16] 李瑞环．学哲学 用哲学．北京：中国人民大学出版社，2005.

[17] 胡锦涛．胡锦涛文选：第2卷．北京：人民出版社，2016.

[18] 胡锦涛．坚定不移沿着中国特色社会主义道路前进 为全面建成小康社会而奋斗：在中国共产党第十八次全国代表大会上的报告．北京：人民出版社，2012.

[19] 习近平．习近平谈治国理政．北京：外文出版社，2014.

[20] 习近平．习近平谈治国理政：第2卷．北京：外文出版社，2017.

[21] 习近平．习近平谈治国理政：第3卷．北京：外文出版社，2020.

[22] 习近平．习近平谈治国理政：第4卷．北京：外文出版社，2022.

[23] 习近平．干在实处 走在前列：推进浙江新发展的思考与实践．北京：中共中央党校出版社，2006.

[24] 习近平．之江新语．杭州：浙江人民出版社，2013.

[25] 中共中央宣传部．习近平总书记系列重要讲话读本．北京：学习出版社，2014.

[26] 习近平．在庆祝"五一"国际劳动节暨表彰全国劳动模范和先进工作者大会上的讲话．北京：人民出版社，2015.

[27] 习近平．在文艺工作座谈会上的讲话．北京：人民出版社，2015.

[28] 习近平．在知识分子、劳动模范、青年代表座谈会上的讲话．北京：人民出版社，2016.

[29] 中共中央文献研究室．习近平关于全面建成小康社会论述摘编．北京：中央文献出版社，2016.

[30] 习近平．决胜全面建成小康社会 夺取新时代中国特色社会主义伟大胜利：在中国共产党第十九次全国代表大会上的报告．北京：人民出版社，2017.

[31] 习近平．共同构建人类命运共同体．北京：中央文献出版社，2018.

[32] 习近平．在纪念五四运动100周年大会上的讲话．北京：人民出版社，2019.

[33] 习近平．在全国劳动模范和先进工作者表彰大会上的讲话．北京：人民出版社，2020.

[34] 习近平．习近平重要讲话单行本（2020年合订本）．北京：人民出版社，2021.

［35］习近平．高举中国特色社会主义伟大旗帜 为全面建设社会主义现代化国家而团结奋斗：在中国共产党第二十次全国代表大会上的报告．北京：人民出版社，2022.

［36］本书编写组．习近平的小康情怀．北京：人民出版社，2022.

［37］关于培育和践行社会主义核心价值观的意见．北京：人民出版社，2013.

［38］中共中央文献研究室．十八大以来重要文献选编：中．北京：中央文献出版社，2016.

［39］新时代公民道德建设实施纲要．北京：人民出版社，2019.

［40］新时代爱国主义教育实施纲要．北京：人民出版社，2019.

［41］柏拉图．理想国．北京：商务印书馆，1986.

［42］亚里士多德．政治学．北京：商务印书馆，1965.

［43］弗罗姆．逃避自由．北京：国际文化出版公司，2002.

［44］罗尔斯．正义论．北京：中国社会科学出版社，1988.

［45］艾德勒，范多伦．西方思想宝库．北京：中国广播电视出版社，1991.

［46］阿克顿．自由和权力．北京：商务印书馆，2001.

［47］亨廷顿．我们是谁．北京：新华出版社，2005.

［48］狄金森．希腊的生活观．上海：华东师范大学出版社，2005.

［49］包尔生．伦理学体系．北京：中国社会科学出版社，1988.

［50］韦伯．新教伦理与资本主义精神．北京：三联书店，1987.

［51］韩震，章伟文，等．中国的价值观．北京：社会科学文献出

版社，2018.

[52] 方铭. 天下为公：社会主义核心价值观的中华传统文化基础考源. 北京：人民出版社，2021.

[53] 吴成果，张敏. 弘扬核心价值观与继承传统文化研究：中国传统价值观的历史演进与基本精神. 北京：人民出版社，2021.

[54] 姚才刚，徐瑾，肖雄. 弘扬核心价值观与继承传统文化研究：核心价值观的传统文化根基与意蕴. 北京：人民出版社，2021.

[55] 周海春. 弘扬核心价值观与继承传统文化研究：传统文化与核心价值观的培育和践行. 北京：人民出版社，2021.

[56] 吴辅佐，刘志兵. 社会主义核心价值观十二讲. 北京：国防大学出版社，2013.

[57] 李今山. 常青的《大众哲学》. 北京：红旗出版社，2002.

[58] 丛日云. 西方政治文化传统. 大连：大连出版社，1996.

[59] 习近平. 习近平在企业家座谈会上的讲话. 人民日报，2020-07-22.

[60] 习近平. 努力克服不良文风 积极倡导优良文风. 求是，2010(10).

[61] 习近平. 深入开展学习宣传道德模范活动 为实现中国梦凝聚有力道德支撑. 人民日报，2013-09-27.

[62] 习近平. 顺应时代前进潮流 促进世界和平发展. 人民日报，2013-03-24.

[63] 习近平. 青年要自觉践行社会主义核心价值观：在北京大学

师生座谈会上的讲话. 人民日报, 2014-05-05.

[64] 习近平. 在北京市海淀区民族小学主持召开座谈会时的讲话. 人民日报, 2014-05-30.

[65] 习近平. 在会见中国少年先锋队第七次全国代表大会代表时的讲话. 人民日报, 2015-06-02.

[66] 习近平. 习近平在中共中央政治局第二十九次集体学习时强调 大力弘扬爱国主义精神 为实现中国梦提供精神支柱. 人民日报, 2015-12-31.

[67] 习近平. 在中国国际友好大会暨中国人民对外友好协会成立60周年纪念活动上的讲话. 人民日报, 2014-05-16.

[68] 习近平. 坚持依法治国和以德治国相结合 推进国家治理体系和治理能力现代化. 人民日报, 2016-12-11.

[69] 习近平. 习近平在江苏徐州市考察时强调：深入学习贯彻党的十九大精神 紧扣新时代要求推动改革发展. 人民日报, 2017-12-14.

[70] 习近平. 推动我国生态文明建设迈上新台阶. 求是, 2019 (3).

[71] 习近平. 坚持中国特色社会主义教育发展道路 培养德智体美劳全面发展的社会主义建设者和接班人. 人民日报, 2019-09-11.

[72] 韩坤新, 王文东. 民族问题与民族主义、爱国主义、国际主义. 西北民族大学学报（哲学社会科学版）, 2005 (5).

[73] 高景柱. 论爱国义务的证成问题. 伦理学研究, 2022 (3).

[74] 吴俊. 爱国何以是一种美德. 哲学研究, 2019 (10).

[75] 陈来. 论中华民族爱国主义的精神. 哲学研究, 2019 (10).

[76] 何雄. 营造敬业乐业精业兴业的社会氛围. 光明日报, 2016-10-26.

[77] 肖芬芳. 现代敬业观的建构：从"敬事"到"敬业". 社会主义核心价值观研究, 2017 (1).

[78] 王淑芹. 社会诚信建设的现代转型：由传统德性诚信到现代制度诚信. 哲学动态, 2015 (12).

[79] 王淑芹. 诚信道德正当性的理论辩护：从德性论、义务论、功利论的诚信伦理思想谈起. 哲学研究, 2015 (12).

[80] 徐梓彦. 友善理念的价值逻辑、情理逻辑与社会逻辑. 南京大学学报（哲学·人文科学·社会科学），2022 (6).

[81] 赵琦. 现代友善概念的重构. 哲学动态, 2017 (1).

[82] 赵琦. 公民道德"友善"的当代重构：以对西方与近代儒学的考察为基础. 伦理学研究, 2016 (6).

[83] 周丹. 论作为核心价值观的"友善"：基于中西"友善"概念渊源的考察. 马克思主义哲学论丛, 2015 (4).

后　记

　　本书的目的在于将社会主义核心价值观个人层面的四个价值准则——"爱国、敬业、诚信、友善"融合在一本著作之中，并以"使命与担当"为主题对它们做统一解读。为此，我于2021年7月初拟定了写作提纲，并就该提纲与北京师范大学吴晓云教授进行了多次讨论，最终确定了写作框架和写作计划。本书第一、二、三章及第四章第二节由刘丹撰写，其余部分由我负责撰写。我承担了全书的统稿工作。本书在编撰过程中，吸收了《爱国》（董立河编著）、《诚信》（刘翔、薛刚编著）、《敬业》（刘丹编著）、《友善》（李荣、冯芸编著）等四本著作部分章节相关概念阐释方面的成果，并将它们融合进书稿的整体内容之中。同时，本书还借鉴了其他一些学者的研究成果，并引用、参考了主流媒体的相关报道和评论。在此一并致谢！

　　编著书稿的过程既是一个重新创作的过程，也是一个学习和思考的过程。由于编著者精力和水平有限，错误和疏漏之处在所难免，恳请读者朋友多加批评和指正。

李荣

2023年3月

图书在版编目（CIP）数据

使命与担当：爱国、敬业、诚信、友善/李荣，刘丹编著．－－北京：中国人民大学出版社，2024.6
（新时代社会主义核心价值体系研究丛书/韩震总主编）
ISBN 978-7-300-32153-0

Ⅰ.①使… Ⅱ.①李… ②刘… Ⅲ.①社会主义核心价值观-中国 Ⅳ.①D616

中国国家版本馆 CIP 数据核字（2023）第 174386 号

国家出版基金项目
新时代社会主义核心价值体系研究丛书
总主编　韩　震
使命与担当：爱国、敬业、诚信、友善
李　荣　刘　丹　编著
Shiming yu Dandang: Aiguo, Jingye, Chengxin, Youshan

出版发行	中国人民大学出版社	
社　　址	北京中关村大街 31 号	邮政编码　100080
电　　话	010-62511242（总编室）	010-62511770（质管部）
	010-82501766（邮购部）	010-62514148（门市部）
	010-62515195（发行公司）	010-62515275（盗版举报）
网　　址	http://www.crup.com.cn	
经　　销	新华书店	
印　　刷	涿州市星河印刷有限公司	
开　　本	720 mm×1000 mm　1/16	版　次　2024 年 6 月第 1 版
印　　张	15 插页 1	印　次　2025 年 4 月第 2 次印刷
字　　数	158 000	定　价　59.00 元

版权所有　侵权必究　印装差错　负责调换